쫄지 마! 직장인

세상의 기준에 사표를 던지다

송민규 지음

청어

쫄지 마! 직장인

세상의 기준에 사표를 던지다

송민규 지음

발 행 처 · 도서출판 **청어**
발 행 인 · 이영철
영　　업 · 이동호
기　　획 · 천성래 ┃ 이용희
편　　집 · 방세화
디 자 인 · 김희주
제작부장 · 공병한
인　　쇄 · 두리터

등　　록 · 1999년 5월 3일
(제321-3210000251001999000063호)

1판 1쇄 인쇄 · 2017년 10월 20일
1판 1쇄 발행 · 2017년 10월 30일

주소 · 서울특별시 서초구 효령로55길 45-8
대표전화 · 02-586-0477
팩시밀리 · 02-586-0478

홈페이지 · www.chungeobook.com
E-mail · ppi20@hanmail.net
ISBN · 979-11-5860-507-0(03320)

이 도서의 국립중앙도서관 출판시도서목록(CIP)은 서지정보유통지원시스템 홈페이지
(http://seoji.nl.go.kr)와 국가자료공동목록시스템(http://www.nl.go.kr/kolisnet)에서 이용
하실 수 있습니다.(CIP제어번호: CIP2017019669)

쫄지 마! 직장인

세상의 기준에 사표를 던지다

송민규 지음

차 례

나는 평범한 직장인이었다.

내가 이 책을 쓰게 된 이유는 내가 경험했던 이 사회의 부
조리, 미래에 대한 불안, 삶의 스트레스 등에 대해 나름대로
의 해법을 독자에게 보여주고 싶었다. 아니 정확하게는 나의
힘든 직장 생활에서 해법을 찾아야만 하는 절박한 상황에서
비롯되었다.

나는 일과 돈으로부터 자유롭고 싶었고, 인생이 답답하다
고 느껴져 책을 읽기 시작했다. 그렇게 시작된 100권 이상의
독서를 통해 평범한 직장인인 내가 감히 만날 수도 없는 국
내외 훌륭한 멘토들을 만나게 되었고, 그들과의 만남은 점점
나를 변화시켰다.

나는 39살이 되는 동안 초등학교 6년, 중학교 3년, 고등학

교 3년, 대학교 4년, 군대 생활 2년 6개월 그리고 직장 생활 10년을 하며 살아온 대한민국의 지극히 평범한 사람이다. 나는 39년 동안 부모님을 비롯해 주변 분들의 기대에 반하는 행동을 해본 적이 없다. 그것은 내가 이 땅에 살아가는 동안 너무도 당연한 이치라고 생각했다. 공부는 학교를 다니는 동안 특별히 잘하지는 못했지만, 특별히 못하지도 않았다. 군대 생활도 무탈하게 마쳤다. 직장 생활도 잘 적응하였다.

나는 직장인 시절, 다니던 회사의 사장이 되고 싶다는 큰 목표도 가지고 있었다. 내가 알고 있는 방법 중 평범한 월급쟁이 직장인이 튼튼한 중소기업의 사장이 되는 방법은 두 가지가 있다. 첫 번째는 내 회사를 차려 탄탄한 중소기업으로 키우는 방법이고, 두 번째는 튼튼한 중소기업에 입사하여 사장까지 진급하는 것이다. 전자는 좋은 아이템과 기술, 사회적 경험 등이 있어야 하고, 무엇보다 위험이 크기 때문에 과감히 포기하였다. 그래서 후자를 택하였다.

직장 생활 10년 동안 그 목표를 향해 앞만 보며 달렸다. "영업사원을 해야 사장이 될 수 있다."라는 말을 많이 들어 이른 나이에 영업사원을 자원했다.

나는 목표가 이루어지면 행복해질 것이라 생각했다. 앞으로 15년 정도만 지금처럼 열심히 하면 부와 명예를 같이 가질 수 있다고 생각했다. 부와 명예를 가지면 행복해질 수 있다고 확신했다. 중간에 힘든 적도 많았지만, 그때마다 조금만 더 참으면 부와 명예도 가질 수 있고, 행복해질 수 있으리라 다짐하곤 했다.

그렇게 힘든 직장 생활을 견디며 하루하루 버티던 내가 변했다. 좋아하는 일만 하며 살기로 결심했다. 이렇게 살다가 사장이 되기 전에 몸과 마음이 망가질 것 같았다. 설사 사장이 되더라도 몸과 마음이 망가진 상태에서 행복을 기대하기는 힘들 것이라고 판단했다. 가중되는 업무 스트레스와 계속되는 술자리, 조금씩 멀어져 가는 가족 관계 등을 해결할 수 있는 돌파구가 필요했다. 정신적 휴식을 위해 우연히 시작된 독서는 그 해답을 조금씩 던져주었다. 그리고 마침내 좋아하는 일을 위해 싫어하는 일을 안 하기로 결심했다. 그래서 회사를 그만두었다. 무모하지만 그렇게 나의 도전은 시작되었다.

주변 사람들의 우려 섞인 얘기를 많이 들었다. 그런 얘기를 들을 때마다 불안함은 더욱더 가중되었다. '이에는 이, 눈에는 눈'이라고 했다. 이 불안함도 결국 책을 통해 조금씩 극복했다.

내 나이 39이고, 내년이면 40이다. 대한민국 남자 수명이 평균 80 정도라고 가정하면 인생의 반환점을 돌기 직전이다. 앞서 얘기했듯이 39년 동안 부모님을 포함한 주변사람들이 요구하는 착실한 인생을 살았다고 생각한다. 그렇기 때문에 반환점을 돌기 전 1년 정도는 내 마음대로 좋아하는 일만 하며 살아보고 싶다고 아내를 포함한 주변 사람들을 설득했다. 내 인생에 가장 큰 일탈을 시작한 것이다.

지금도 두렵고 불안한 생각이 머리를 지배하곤 한다. 그러나 다른 한편으로 자유롭다는 생각도 든다. 하루하루가 만감이 교차한다. 그러나 한 가지 확실한 것은 나와 가족이 아직까지 행복하다는 것이다. 직장을 그만둠으로써 수입은 반으로 줄었지만, 행복은 두 배로 늘었다. 그것만으로도 지금까지의 도전은 의미가 있다고 생각한다.

나는 당신에게 직장을 그만두라고 하지 않겠다. 그건 당신이 오랜 시간 생각하고 결정해야 할 몫이다. 하지만 직장에 있을 때 가급적 많은 준비와 시행착오를 겪어보기 바란다. 미래를 위한 준비는 독서를 통해 할 수 있다고 생각하고, 시행착오의 경험은 직장 내에서도 한 가지 분야만 하지 말고 여러 가지 분야에 도전함으로써 얻을 수 있을 것이다.

업무와 관련된 책도 좋고 마음을 치유할 수 있는 책도 좋다. 미래를 위해 다양한 책을 꼭 읽기 바란다. 독서는 당신의 현재와 미래를 변화시킬 수 있는 가장 강력한 무기라고 감히 말할 수 있다. 또한 직장에서 어떤 업무든 가급적 다양한 업무를 맡아서 해보기 바란다. 세상으로 나오는 순간, 영업, 기술, 품질, 생산 등 모든 분야가 필요하게 된다. 직장에서 많은 시행착오를 겪어본 사람은 세상에 나와서 겪는 시행착오를 슬기롭게 헤쳐 나갈 수 있다.

미래를 위한 독서와 다양한 업무 경험은 향후 당신이 정년을 채우고 퇴사를 하거나 중간에 사직할 때 큰 무기가 될 수 있을 것이다.

결론부터 말하자면, 이 이야기는 내가 지금까지 직장 생활을 하면서 느꼈던 많은 감정과 경험에 대한 해법을 책이라는 매체를 통해 강구하고, 그로 인해 나와 가족의 행복을 찾아가는 내용이다. 나는 행복에 대해 이렇게 정의하고 싶다.

"타인의 자유를 침해하지 않는 범위 내에서 지금 내가 자유롭게 사는 것."

여기서 핵심은 지금 내가 자유로운 것이다. 지금 내가 자유로워야 행복이라는 감정을 느낄 수 있다. 그리고 타인의 자유를 침해해서는 안 된다는 전제가 반드시 필요하다.

나는 이 책을 통해 나와 같은 평범한 직장인들이 한순간이라도 행복할 수 있다면 그것으로 이 책의 가치는 있다고 생각한다.

만약 당신이 특별한 직장인이라고 생각한다면 이 책이 크게 와닿지 않을 수 있다. 하지만 이 땅에 살아가는 나 같은 평범한 직장인이라면, 누구나 한 번쯤 고민해봤을 내용들에 대한 고찰이기에 어느 정도 공감할 수 있을 것이다.

이 책을 만들 수 있게 나의 의식에 큰 변화를 주신 많은 저자 분들께 진심으로 감사의 인사를 드리며, 지금부터 내가 겪었던 평범한 직장인의 평범하지 않은 도전에 대한 이야기를 시작하겠다.

1장

직장 생활! 문제가 뭘까?

월요일부터 금요일까지 거의 매일을 회사와 관련된 사람들을 만나고 나면 토요일과 일요일은 녹초가 된다. 토요일과 일요일은 집에서 잠을 자거나 휴식을 취하고 싶다. 하지만 이 또한 녹록치 않다. 아내와 딸이 나들이 가자고 아우성이다. 가정의 평화를 위해 반드시 가야 한다. 그렇게 나의 일주일은 매주 같은 일상의 반복이다.

1
나는 평범했었다

꾸.꾸

나는 10년 하고 9개월의 직장인 생활을 마감하고 회사를 나왔다. 지금은 출근 대신 5살 난 딸을 어린이집에 보내는 아침을 보내고 있다. 내가 회사를 나올 때 모든 회사 동료들이 공통적으로 하는 말이 있었다.

"어디 좋은 데로 가는 거야?"

나는 앵무새처럼 똑같이 대답했다.

"육아에 집중하려고 합니다."

나는 모든 회사 동료 및 협력 업체 사람들을 뒤로하고 그렇게 회사를 나왔다.

내가 10년 다닌 회사를 그만두었을 때는 이유가 있었다. 나는 비교적 신념이 확고한 사람이다. 그러나 대부분의 평범한 직장인들은 확고한 신념만으로 10년간 다니던 회사를 그만두는 건 무모한 일이라고 생각할 것이다. 하지만 나는 내 신념대로 회사를 그만두었다. 그리고 그 배경은 다음과 같은 생각 때문이다.

첫 번째, 다람쥐 쳇바퀴같이 돌아가는 일상에 대한 무료함

두 번째, 미래에 대한 불확실성 증폭

세 번째, 현재 직업이 평생 직업으로 부적절하다는 생각

네 번째, 건강을 해쳐가면서 직장 생활을 해야 하는지에 대한 의문

다섯 번째, 나와 가족이 지금보다 더 불행해질 것 같은 불안감

위 다섯 가지 사항은 내가 직장 생활을 어느 정도 적응한 뒤부터 항상 머릿속에 자리 잡고 있었다. 아마 대부분의 직장인들은 위의 다섯 가지 사항에 대해 생각해보았을 것이다. 나 역시 오래전부터 이 고민을 해왔으며, 퇴사하기 2년 전부터 본격적으로 그 해답을 찾고자 노력하였다.

지금부터 위의 사항에 대해 내가 나름대로의 해답을 찾은 과정과 그 결과에 대해 말하고자 한다. 앞으로 얘기하는 것들은 10년 동안 직장이라는 곳에서 겪어온 나의 경험과 생각

이므로 모든 직장인과 같다고 할 수 없다. 하지만 나의 경험과 생각이 당신의 삶에 조금이나마 도움이 되었으면 한다.

나는 직장이란 것에 대해 생각해볼 필요가 있다고 생각한다. 우선 이 글을 읽고 있는 당신에게 한 가지 전제를 제시하고자 한다. 우리가 흔히 쓰는 단어 중에 직장과 기업이 있다. 같은 의미라는 생각이 들 것이다. 하지만 어떤 관점에서 바라보는가에 따라 직장과 기업은 다른 의미를 지니고 있다. 사전적 의미를 보면 직장이란 사람들이 일정한 직업을 가지고 일하는 곳을 말하며, 흔히 일자리와 같은 의미이다. 그리고 기업이란 영리(營利)를 얻기 위하여 재화나 용역을 생산하고 판매하는 조직체를 말한다. 두 단어의 차이는 직장이란 사람을 중심으로 얘기할 때 쓰는 단어이고, 기업이란 제품을 중심으로 얘기할 때 쓰는 단어라는 점이다. 앞으로 기업이라는 단어와 직장이라는 단어를 혼용해서 쓸 경우가 있을 것이다. 나의 경험과 생각을 사람 중심으로 기술할 것이기 때문에 직장이라는 단어를 좀 더 많이 사용하겠지만, 혹시 직장이라는 단어가 들어갈 자리에 기업이라는 단어를 쓰더라도 너그러이 용서해주길 바란다.

나의 직장 근무 경력은 시스템 설계엔지니어 8년과 시스템 영업사원 2년이다. 공공 기관을 대상으로 많은 시스템을 제안하고, 선정이 되면 납품하는 일을 맡아왔다.

이 일을 10년 동안 하면서 다양한 일이 있었지만, 생각해 보면 대부분의 생활을 항상 같은 패턴으로 지내왔던 것 같다. 우선 직장인이면 누구나 힘들어하는 월요일부터 시작해 한 주를 내가 어떻게 보냈는지 얘기해보면 이렇다.

월요일 새벽 5시, 알람 시계에 맞춰 힘들게 일어난다. 다들 아침에 일어나 보면 알겠지만, 아마 이때가 가장 지구의 중력을 몸소 느낄 수 있는 순간일 것이다. 힘든 몸을 억지로 일으켜 세우고, 물을 한 잔 마신 후 세면을 한다. 세면을 마친 후 어제 세탁소에서 찾아 온 깔끔한 양복을 입고 집을 나선다. 집을 나오기 전 아직 곤히 잠들어 있는 아내와 딸아이의 모습을 한 번 훑어본다. 여기서 대부분의 가장들은 '오늘도 열심히 일해서 우리 가족과 행복한 시간을 보내도록 하자.' 혹은 '오늘 하루도 파이팅!' 정도의 생각을 할 것이다. 하지만 나에게 그건 이상적인 얘기다.

물론 저런 생각을 했던 시간도 있었다. 하지만 어느 순간부터 곤히 잠들어 있는 아내와 딸아이의 모습을 보면 이런 생각이 들었다. '부럽다.' 이 마음이 정말 솔직한 나의 마음이었다. 나도 사람인지라 늦게까지 자고 싶고, 천천히 출근하고 싶었다. 그러나 그런 사치스런 마음을 뒤로한 채 나는 출근을 서둘러야 했다.

나의 직장은 서울시 성동구에 위치하고 있었다. 서울이란 도시는 직장인들이 출근하면서부터 전쟁터다. 대중교통을 이용하든 자가용을 이용하든 출근 전쟁을 치러야 했다. 나는 시스템 설계를 하던 8년 동안은 거의 대중교통을 이용하여 출근하였다. 대중교통은 일단 시간에 맞게 출근할 수 있다는 장점도 있지만, 힘들다는 단점이 있다. 그리고 시스템 영업을 하던 2년 동안은 거의 자가용을 이용하여 출근하였다. 자가용은 대중교통과 반대로 편하다는 장점이 있지만, 교통 상황에 따라 시간이 유동적이라는 단점이 있다. 이 출근 전쟁을 한바탕 치르고 나서야 회사에 도착했다.

회사에 오면 전쟁 같은 일이 매일매일 벌어질 것 같지만, 실제는 그렇지 않다. 모닝커피 한 잔을 시작으로 주변 친한 동료들과 간단한 담소를 나눈다. 어제 있었던 뉴스 혹은 스포츠, 사생활의 특이한 사항들에 대해 얘기를 간단히 나눈 후 자신의 자리에 앉는다. 바로 일을 시작할 것 같지만, 평범한 직장인들은 바로 일하지 않는다. 당장 처리해야 하는 급한 일이 있는 경우 바로 일을 시작하지만, 대부분은 컴퓨터 앞에 앉아 포털 사이트를 보면서 자신이 관심 있는 분야의 기사를 본다. 쇼핑을 좋아하는 사람은 간단히 쇼핑을 즐기기도 한다. 그리고 아침 일을 시작하기 전 간단한 팀 회의 정도에 참석한다. 월요일 오전에 팀 회의, 본부 회의 등을 마치고 나면 점심을 먹는다. 점심을 먹고 난 후 잠깐의 잠을 청한다. 월요일 오전은 항상 힘들기 때문에 점심시간에 잠을 자야 한다. 그리고 오전의 회의를 바탕으로 내가 해야 할 일들을 한 주 단위로 계획한다.

나는 영업사원이기에 일주일 동안 누구를 만날지 결정한다. 대부분 프로젝트 단위로 만날 고객을 선정한다. 만날 고객이 정해지면 자료를 준비한다. 또한 어떤 대화를 할지 대략적으로 정해놓고, 전화를 걸어 약속을 정한다. 일주일 동안 만날 고객이 정해지면 중간에 비어있는 시간에 내부 업무를 처리한다.

영업사원이 되면서 달력 보는 횟수가 늘었다. 항상 달력을 보며 한 주 혹은 두 주 이상의 일정을 메모한다. 그러지 않으면 일정이 겹치거나 잊어버리는 경우가 많기 때문이다.

그렇게 월요일 오후에 모든 일정을 계획하면 하루가 금방 지나간다. 그리고 저녁은 영업본부장님 주관하에 영업사원들끼리 암묵적인 회식이 있는 날이다. 없는 경우에는 기술부서나 설계부서와 회식을 한다. 영업사원은 내부 직원들과의 화합도 중요하기 때문이다. 화요일부터는 외부 업무가 많기 때문에 월요일 저녁에 주로 회식을 했다.

대부분의 직장인이 공감하듯 회식 장소에서 직장 생활에 대한 많은 내용을 공유한다. 1차는 본부장님이나 사장님이 같이 먹는 경우가 많으므로 대부분 긍정적인 얘기가 오고 간다. 하지만 본부장님이나 사장님이 빠진 2차부터는 다양한 불만들이 쏟아져 나온다. 이때부터 영업사원은 다른 직원들의 모든 불만을 들어주고 공감해주어야 한다. 경우에 따라 해결도 해주어야 한다. 대부분의 영업사원은 기본적으로 술을 다 잘 먹기 때문에 항상 끝까지 남아있다. 그렇게 모든 사람들을 책임지고 귀가시키면 월요일 하루가 끝이 난다.

화요일부터 목요일까지는 계획대로 출장을 간다. 나의 출장지는 전국이다. 비율로 따지면 전라도가 60%, 경상도 20%, 경기도가 20% 정도다. 나의 주 고객인 한국전력공사가 전라남도 나주로 이전하면서 전라도 출장 횟수가 많아졌다. 지방 출장이 잡혀있는 날은 하루를 계획하여 움직이고, 수도권에 출장이 있는 날은 오전과 오후 일정을 나눠서 움직인다. 현재 수주하여 진행되고 있는 프로젝트의 경우 진행 상황을 잘 체크하여 방문한다. 회사 프로세스상 수주하여 진행되는 프로젝트의 경우 기술부서에서 관리하기 때문에 항상 방문 전 기술부서와의 사전 미팅을 통해 진행 상황을 체크할 필요가 있다. 그렇게 하지 않으면 발주처 담당자와의 미팅 때 엉뚱한 소리를 하게 되어 신뢰를 잃게 되는 경우가 종종 발생한다.

현재 진행되고 있는 프로젝트의 경우에는 이전 미팅을 통해 어느 정도 친분이 있는 경우가 많으므로 대부분 호의적이다. 하지만 처음 방문하는 경우 대부분 호의적이지 않다. 이 때가 영업사원에게는 가장 힘들다. 나는 처음 방문하는 경우 그냥 인사 정도로 마무리하고 자주 보는 방법을 택한다.

처음부터 많은 얘기를 나누고 여러 정보를 알고자 할 경우, 상대방이 부담스러워할 수 있다. 그래서 처음에는 인사만 하고, 근처 다른 업무를 볼 때마다 자연스럽게 방문한다. 그러면 상대방도 방어적인 태도에서 점차 마음의 문을 열게 된다. 그리고 대화의 시간도 늘어나게 된다. 그렇게 나의 출장 업무는 목요일까지 진행된다.

금요일은 화요일부터 목요일까지의 출장 업무를 정리하는

날이다. 어떤 출장을 다녀왔으며, 만난 사람에게 어떤 정보를 받았는지 정리한다. 중간에 비어있는 시간이나 저녁시간을 이용한 개인적인 약속, 협력 업체 담당자와의 모임 등으로 일주일이 채워진다. 그리고 다시 월요일이 되면 같은 일상을 반복한다. 그렇게 나의 일주일과 한 달, 일 년 그리고 10년이 지나갔다.

2
요즘 젊은것들의 사표

〜.〜

2016년 9월 11일 SBS스페셜에서 방영한 〈요즘 젊은것들의 사표〉를 보았다. 이 방송은 내가 앞에서 언급한 여러 고민과 그에 대한 해결 방안을 실제 직장인의 사례와 함께 제시해주는 프로그램이었다.

이 방송의 내용은 이렇다.

카이스트 출신에 대기업을 입사하여 연봉 7,800만 원의 3년차 대리 곽승훈 씨, 그는 오늘 그 회사를 그만두었다. 주변 동료들이 얘기한다.

'무섭지 않니?'

그 질문에 당연히 두렵지만, 그 두려움이 긍정적 두려움이라고 답한다.

'전쟁터 같은 회사. 그보다 지옥 같다는 회사 밖의 현실에 어떻게 살아야 할까?'라는 화두를 던지며 방송은 시작한다.

취업준비생이 평균 13개월을 준비하여 어렵게 들어간 직장을 18개월 만에 그만둔다고 한다. 일부 젊은 퇴사자들이 그 어렵다는 대기업 취업 관문을 뚫고 입사한 지 얼마 되지 않아 사표를 던지는 이유는 무엇일까? 그 이유를 크게 네 가지 주제로 구성하여 설명한다.

1장 로마에서는 로마법을 따르고, 회사에서는 회사법을 따르라. (조직 및 직무 적응 실패)

2장 회식도 업무의 연장이다. (잦은 야근과 회식)

3장 그럴 거면 들어오지를 말든가. (기성세대의 입장)

4장 나는 왜 일을 하는가. (적성에 맞지 않는 직무)

이 네 가지 주제를 젊은 퇴사자와 부모님, 직장 동료, 사장님, 회사 인사담당자의 입장에서 인터뷰 형식을 통해 설명한다. 젊은 퇴사자들은 자신의 삶을 위해 퇴사를 결정한다. 부모님은 좋은 직장에 취직하기만을 바라왔는데, 자식의 퇴사 결정에 못마땅한 입장이다. 직장 동료는 한편으로 우려가 되지만, 자신도 곧 그럴 것이라고 응원의 메시지를 보낸다. 또한 사장님은 요즘 젊은 애들이 끈기가 없다고 한심해하는 입장이다. 회사의 인사담당자들은 요즘 신입 사원들이 학교에서 선후배 문화를 많이 배우지 못하기 때문에 회사에서도 상사나 사람을 대하는 방법에 많은 어려움을 겪고 있다고 한다. 그래서 많은 교육 비용을 다시 투자해야 하는 악순환이 반복되고 있다고 한다. 그리고 마지막 부분에 "내가 내 인생의 가치를 어떻게 정하고 어떻게 살아가야 되지?"에 대한 고민이 이직, 퇴사로 나타난다고 결론 짓는다.

그럼 위의 세 가지 이유를 하나씩 살펴보자. 젊은 퇴사자들이 퇴사 이유 1위로 조직 및 직무 적응 실패를 꼽고 있다. 나는 조직과 직무에 적응하는 기간이 3년이라고 생각한다. 왜냐하면 내가 경험한 바 1년차는 관찰 과정이고, 3년차까지는 조직 및 업무의 습관화 과정이다. 그리고 나머지 4년차부터 제대로 된 실력 발휘를 할 수 있는 기간이라고 생각한다. 이 방송에서 인터뷰한 젊은 퇴사자들 역시 3년 안에 사표를 던졌다. 3년 안에 사표를 던진다는 의미는 습관화 과정이 덜 되었다는 뜻이다. 습관화 과정만 지나게 되면 습관적으로 회사에 출근하게 된다. 나 역시 3년이 지나면서부터 습관적으로 출근 하게 되었다. 출근해서 동료들과 모닝커피 한잔하고, 오전 일을 마치고 점심을 먹으러 간다. 점심 먹고 오후 일을 시작하고, 중간에 휴식을 취한다. 그리고 퇴근 시간이 되면 집으로 가거나 회식을 한다. 이런 반복적인 일상이 습관적으로 이루어진다. 젊은 퇴사자들은 이런 비생산적으로 반복되는 일상이 싫어 3년 안에 사표를 던졌다고 생각한다.

그럼 신입 사원이었을 때를 생각해보자. 처음에 회사를 들어오면 모든 선임자들이 전문가처럼 보일 것이다. 선임자들의 일하는 모습을 보며 '나는 이 회사에서 언제쯤 저렇게 일을 능수능란하게 처리할 수 있을까'하고 생각한 적이 있을 것이다. 하지만 그들은 대부분 습관적으로 일하고 있다. 이것은 시간이 지나 11년차 차장이 되었을 때 7년차의 과장이 일하는 모습을 보면 바로 알 수가 있다. 그리고 습관적으로 일하고 있다는 것도 선임자의 조언을 통해 충분히 알 수 있다. 그렇다면 습관적으로 일하고 있다는 것은 어쩌면 해당 분야에 전문가로 발전하고 있다는 증거가 될 수 있다.

젊은 퇴사자들이 단순히 반복되는 일상이 나쁘다고 생각해서 사표를 던진 것은 아닐 것이다. 그것은 2장 '회식도 업무의 연장이다. (잦은 야근과 회식)'와 결부되었을 때 나쁜 결과를 만들게 된다. 업무가 좀 비생산적이고 반복적인 일상이더라도 근무시간 외에 자기 시간을 가질 수 있었더라면 아마 젊은 퇴사자들의 수를 줄일 수 있었을 것이다. 잦은 야근과 회식은 젊은 퇴사자들의 개인 시간을 뺏는 주범이다. 이들은 하나같이 얘기한다.

'내 삶이 없었다.'

나도 10년 동안 직장 생활을 하면서 같은 감정을 느꼈다. 근무시간은 어쩔 수 없이 회사에서 보내야 하지만 저녁시간은 가족과 지내거나 자기 계발에 투자할 수 있어야 한다. 영업사원으로 지내면서 가장 회의감이 들었던 부분이다. 영업직의 특성상 저녁시간을 활용하여 사람을 만나는 경우가 많다. 근무시간에 만나 나누는 이야기는 한계가 있다. 그리고 여러 사람들을 만나보았지만, 근무시간보다 저녁시간에 만나는 것이 친밀감을 형성하기에 좋다. 일단 근무시간은 사무실이라는 환경적 제약과 '나는 당신과 대화를 나누는 이 시간도 업무를 하고 있다.'라는 심리적 제약이 존재한다. 그래서 근무시간에 나눈 대화는 업무적인 내용이 주를 이룬다. 하지만 저녁시간은 사적인 공간에서 이루어지므로 편안한 대화가 주를 이룬다.

처음 만나는 자리라면 초반은 어색한 대화가 오고 갈 것이다. 이 어색한 대화조차 고객과 나의 공감대를 찾는 행위가 될 수 있다. 그래서 영업사원은 초반 탐색전에서 빠른 공감대를 찾아야 한다. 초반의 탐색전을 열심히 한다면 중후반에는 큰 노력을 기울이지 않아도 자연스러운 분위기가 형성될 것이다. 이렇게 열심히 노력한 결과 나의 고객층은 점점 넓어지고 회사에서 입지도 굳건해진다.

월요일부터 금요일까지 회사와 관련된 사람들을 만나고 나면 토요일과 일요일은 녹초가 된다. 토요일과 일요일은 집에서 잠을 자거나 휴식을 취하고 싶다. 하지만 이 또한 녹록치 않다. 아내와 딸이 나들이 가자고 아우성이다. 가정의 평화를 위해 반드시 가야 한다. 그렇게 나의 일주일은 매주 같은 일상의 반복이다.

퇴사의 마지막 이유는 적성에 맞지 않는 직무다. 사실 대부분의 직장인들이 자신의 적성과 맞지 않는 직무를 한다고 볼 수 있다. 내가 다녔던 회사의 동료 직원들과 많은 고객, 협력 업체 담당자들의 얘기를 들어보면 그렇다. 물론 '나는 그렇지 않다'라고 반론을 제기하는 분들도 있을 것이다. 하지만 특수한 경우를 제외하고 대부분의 직장인들은 회사에서 정해준 직무에 자신의 적성을 맞추며 다닌다.

우리가 신입 사원으로 사회에 첫발을 내딛는 경우 대부분이 자신의 적성을 고려한 직군을 선택한다. 그러나 입사하여

받은 실제 업무는 자신의 적성과 다른 경우가 많다. 나 역시 입사지원서에 작성한 희망 부서는 시스템을 설치하는 기술 관련 부서였다. 하지만 실제 업무는 프로젝트 원가를 계산하고, 고객에게 견적서를 보내는 영업지원 업무를 맡았다. 내가 하고 싶었던 일은 장비를 실제 만지고 세팅하는 일이었다. 하지만 신입 사원이라 발령받은 부서에서 그런 불만을 표현하기는 힘든 일이었다. 그냥 발령받은 부서에서 업무에 빨리 적응하는 것이 회사 생활을 순탄하게 하는 길이었다. 대부분의 직장인들이 나의 경우와 비슷할 것이라고 생각한다. 다른 경우가 있다면 그분은 퇴사하였을 것이다. 실제 나의 동기들도 열두 명이 입사하였지만, 입사한 지 6개월 안에 여섯 명이 퇴사하였다. 그 이유도 적성에 맞지 않는 직무 때문이었다.

이렇게 방송은 위에 언급한 세 가지 이유를 퇴사의 원인으로 정리하였다. 그리고 현재 대한민국 회사의 조직 문화 변화와 젊은 퇴사자들의 미래를 응원하며 마무리 짓는다.

여기서 나는 이 모든 원인의 결정체이자 가장 중요한 사실 하나를 언급하고 싶다. 방송에 약간 언급되기는 하였지만, 가장 중요한 퇴사 원인은 선임자의 모습이라고 생각한다. 우리는 각자의 팀장, 본부장, 사장 등의 선임자들에게서 나의 미래를 본다. 신입 사원으로 입사하면 나의 사수, 팀장님 등이 전문가고, 내가 가야 할 방향이다. '저들은 전문가다. 나도 몇 년 후에 저들처럼 전문가가 되어있을 것이다.'라고 생각한다. 하지만 1년 정도 같이 생활해보면 그렇지 않다는 것을 점점 피부로 느끼게 된다. 일반적으로 팀장 정도면 위의 세 가지 원인에 통달한 사람이다. 잦은 야근과 회식이 있는 조직, 적성에 맞지 않는 직무 등에 자신을 철저하게 적응시킨 사람이라는 얘기다. 이렇게 조직에 철저히 적응된 사람을 볼 때, 우리는 두 가지 시선으로 바라보게 된다.

'안타깝다'와 '대단하다'.

아마 안타까운 마음이 먼저 들 것이다. '꼭 저렇게 살아야 하나?'

그러나 그렇게 사는 것이 그분들의 방식이다. 그렇게 진화해온 것이다. 그게 잘못되었다고는 말할 수 없다. 그리고 불행하다고도 말할 수 없다.

하지만 한 가지는 확실하다. 그분들이 살아가는 방식과 내가 살아가는 방식은 다르다. 그분들이 살아가는 방식을 존중해주어야 한다. 그리고 내가 사는 방식도 존중받아야 한다.

다르다는 것은 틀린 것이 아니다. 그래서 요즘 사표를 던지는 젊은것들의 방식도 다름을 인정해주고, 존중해주어야 한다.

3
내가 알았던 삶의 방식

〜・〜

나는 태어나서 초등학교를 졸업하기까지 본능에 충실하며 살았다. 나의 부모님은 여느 부모님처럼 자식을 사랑했지만, 넉넉하지 못한 집안 형편과 바쁜 직장 생활 때문에 자식에게 많은 관심을 쏟아주지 못했다. 그래서 난 초등학교를 졸업하기 전까지 마음대로 살았다. 물론 어느 정도 통제는 있었지만, '내가 통제받고 있구나.' 하는 감정을 느낄 정도는 아니었다. 중학교를 들어가서면서부터 내 생활에 대해 부모님의 관심이 어느 정도 있다고 느꼈다. 그 감정은 매달 혹은 학기마다 오는 성적표에 어머님이 관심을 가지기 시작하면서부터다.

중학교 3학년에 막 올라갔을 때 일이다. 어머님이 갑자기

날 부르셨다.

"우리 민규가 요즘 공부에 소홀한 것 같은데, 이제 중3이 니까 고등학교는 좀 괜찮은 데 가야 하지 않을까?"

갑작스런 어머님의 말에 마음이 동했다. 사실 매일 바쁘신 어머니가 이렇게 진지하게 얘기한 적이 없어 조금 놀랐다. 나는 그동안 열심히 놀았다. 그저 친구들과 노는 게 좋았다. 그 탓에 공부는 항상 중하위권을 맴돌았다. 하지만 나는 크 게 개의치 않았다.

어머님의 그 말 한마디에 공부를 좀 해야겠다는 생각이 들 었다. 그래서 노는 것을 잠시 접어두고 한 6개월 정도 열심히 공부만 했다. 지금 생각해도 왜 그랬는지는 모르겠지만, 암 튼 별 생각 없이 공부만 했다. 그 덕분에 성적은 빠른 속도로 좋아졌다. 운이 좋게도 시험을 잘 봐 상위권 고등학교에 진 학하였다. 그러나 단기간에 공부한 효력은 단기간에 사라졌 다. 고등학교 진학 후 성적은 다시 원상 복귀하였다. 원래 공 부를 못했기 때문에 자괴감 같은 건 없었다.

다시 고등학교 2년 동안 놀았다. 그리고 고3이 되자 어머 님이 다시 불렀다.

"이제 곧 고3인데, 대학 갈 준비는 해야 하지 않을까?"

나는 중학교 3학년 때를 회상하며 다시 한번 공부에 대한 열정을 불태웠다. 그러나 고등학교는 치열해서 그런지 생각보다 좋은 성적을 거두지 못했다. 그렇지만 이번에도 운이 좋게 대학교 특별 전형을 턱걸이로 통과했다. 그리고 대학교에 입학하자 IMF가 찾아왔다. 나와 친구들은 대부분 이른 시기에 군대를 갔다. 군대를 전역하고 보니 대학교는 취업 전쟁터로 변해있었다. 나 역시 취업 준비로 나머지 대학 생활을 보냈다.

남들이 선호하는 대기업에 똑같이 입사 지원서를 넣었다. 보기 좋게 다 떨어졌다. 유명하지 않지만, 탄탄해 보이는 중소기업 위주로 입사 지원서를 넣었다. 이것저것 따질 형편도 아니었고, 따질 만한 인재도 못 된다고 생각했다. 나를 받아 주는 곳 어디라도 갈 자세가 되어있었다. 이번에도 운이 좋게 꽤 좋은 중견기업에 입사하였다. 그리고 10년 동안 다니게 되었다.

이게 내 삶의 대략적인 이력이다. 자세하게 풀면 여러 가지 이야기가 많지만 대략적인 이력은 아주 평범하다. 고비마다 운이 따른 것 외에 모든 것이 평범했다. 힘든 시기도 있었고, 좋은 시기도 있었다. 하지만 큰 줄기로 보면 평범하게 살아왔다.

이렇게 살면서 느낀 것은 '사람은 어느 시점이 되면 그 시점에 맞는 행위'를 해야 한다는 것이었다. 그것이 이 사회가 나에게 알려준 사실이다. 그리고 나는 거기에 맞춰 살아왔다. 누가 강요한 것은 아니지만 주변에 많은 사람이 그렇게 살아왔고, 나 또한 그렇게 살아야만 한다고 자연스럽게 받아들였던 것 같다.

초등학교를 졸업하면 당연히 중학교를 가야 하고, 중학교를 졸업하면 당연히 고등학교를 가야 하는 줄 알았다. 그리고 고등학교를 졸업하면 대학교에 가고, 그 뒤에는 취업하는 게 너무 당연하다고 생각했다. 취업하면 무조건 열심히 일해 좋은 자리까지 올라가는 게 내가 선택할 수 있는 최선의 길이라고 믿었다. 그리고 무조건 그 길만 보고 달려왔다.

어느 누구도 다른 길을 가르쳐주지 않았고, 나 또한 알려고 하지도 않았다. 그래서 남들이 다 가는 이 길만이 정답이라고 생각했다. 다른 길을 가는 건 생각할 수도 없었다. 우연히 TV 혹은 인터넷 등을 통해 타인의 성공담을 들으면 그 순간만 '나도 그렇게 되고 싶다'라고 느꼈다. 그러나 그런 성공담은 나에게는 다른 세상의 일이었다. 그렇게 점점 나이를 먹고, 직장 생활은 내 뜻대로 움직이지 않았다. 그래서 다른 길을 가고 싶다는 생각을 자주 하게 되었다.

흔히 직장 생활은 3·5·10년을 주기로 슬럼프가 온다고 한다. 이 슬럼프의 원인은 매너리즘이라고 생각한다. 이 시기가 되면 직장 생활에 어느 정도 적응 한 상태이다. 매일매일 똑같은 일의 반복일 것이다. 나는 4년차와 9년차에 이 같은 슬럼프를 경험했다.

내가 직장 생활 4년차쯤 되었을 때 직급이 대리였다. 팀은 견적팀이었고, 업무는 프로젝트 원가를 산정하는 것이었다. 아침에 출근하면 하루 종일 엑셀과의 싸움이 시작된다. 현장 조사로 가끔 출장 가는 것을 제외하면 하루 종일 컴퓨터 앞에서 엑셀과 사투를 벌였다. 이렇게 약 3년 동안을 지내다 보니 업무에 대한 매너리즘이 찾아왔다. 그래서 팀장님과 면담을 거친 후 팀을 옮기기로 결정하였다. 팀장님과의 면담 때 들었던 이야기는 아직도 기억이 난다.

"혹시 네가 이직을 생각하고 있다면 아직 경험을 더 쌓고 이직을 결심해도 늦지 않다. 다른 회사를 가면 똑같이 적응하는 데 시간을 소비하니까 그러는 것보다 다른 팀으로 옮겨 다른 경험을 해보는 것도 좋다고 생각한다."

지금 생각하면 무척 좋은 팀장님을 만났다고 생각한다. 4년 동안 잘 키웠는데, 다른 팀으로 보낸다는 것은 쉽지 않은 결정이었을 것이다.

팀을 옮긴 후 직장 생활은 잘 풀렸다. 연봉도 많이 올랐고, 윗분들에게 인정도 많이 받았다. 그때 만약 이직을 했더라면 내 삶의 많은 것이 달라졌을 것이다. 그 변화가 좋은 쪽인지, 나쁜 쪽인지는 알 수 없다. 하지만 직장 생활에서 슬럼프나 매너리즘을 겪을 때는 변화를 주는 게 좋다고 생각한다.

나는 4년차 슬럼프를 잘 극복하고 9년차에 또 다른 큰 슬럼프를 맞이하였다. 그때 직급은 차장이었고, 팀은 영업팀이었다. 사실 이때는 슬럼프보다 인생의 큰 전환기가 찾아왔다고 생각한다.

영업을 하는 동안 감정의 고갈 상태가 찾아왔다. 영업이라는 업무 자체가 싫지는 않았다. 하지만 사람을 상대하는 나의 감정이 심하게 고갈된 상태였다.

영업을 처음 시작할 때에는 고객을 진심으로 대하였다. 그러나 시간이 갈수록 나의 심신은 지쳐갔다. 당연히 고객을 상대하는 마음도 예전 같지 않았다. 마음이 그러하니 업무가 재밌을 리 만무하였다. 영업팀은 업무 특성상 출장이 많다. 나는 근무 5일 중 4일이 출장이었다. 장거리 출장이 많아 주로 KTX를 이용하였다.

나의 첫 번째 영업 고객은 전라남도 나주에 있는 한국전력

공사였다. 내가 한국전력공사에서 만나야 하는 사람은 신규 고객이라 미팅 시간도 그리 길지 않았다. 보통 2~3시간 이동하여 30분 남짓 미팅 후 간단히 차 한 잔 정도 마시고 온다. 이 30분 동안 많은 정보를 알아 와야 한다. 그래서 KTX에서 궁금한 사항 및 이야깃거리를 정리하곤 했다. 이것들을 정리하는 시간은 보통 30분 정도면 충분했다. 그리고 미팅이 끝나면 KTX를 기다리는 동안 1층 도서관에서 책을 읽었다. 2층에 대기실이 있었지만, 1층 도서관이 편했다. 또한 서울로 올라오는 KTX 안에서도 책을 읽었다.

이때부터 출장 갈 때면 가방에 책을 가지고 다녔다. 책을 좋아해서 가지고 다닌 것은 아니고, 그냥 책을 읽으면 마음이 편안해져서 항상 소지하고 다녔다. 책을 읽는 동안은 업무에 대한 스트레스에서 자유로울 수 있었다. 그래서 업무 스트레스가 가중될 때마다 더욱더 열심히 책을 읽었다.

당시 책은 나를 슬럼프에서 탈출시켜줄 유일한 대안이었다.

4
직장은 숫자로 돌아간다

※·◎

　나는 8년 동안 꾸준히 프로젝트 예산을 산정해왔다. 그래서 나름 숫자에 강하다고 생각한다. 프로젝트 예산을 산정하는 것은 가계부 쓰는 것과 비슷하다.

　가계부는 남편과 아내의 월급이 대표적인 수입이고, 생활비나 공과금 등이 지출에 해당된다. 일반적으로 가계부는 한 달 기준으로 작성한다. 한 달 기준으로 수입에서 지출을 빼면 저축할 수 있는 돈이 된다. 프로젝트 예산도 같은 맥락으로 생각하면 된다. 다만 계정과목이 많아 조금 복잡할 뿐이다.

　쉽게 설명하면 이렇다. 수입에서 지출을 빼면 회사의 이익이 된다. 수입은 수주 금액이 될 것이고 지출은 재료비와 인건비 및 경비가 해당된다. 수입에 직접적인 영향을 미치는 지출을 직접비 또는 변동비라 한다. 대표적인 것이 프로젝트에 투입되는 재료비나 인건비 등이 해당된다.

그리고 수입에 간접적인 영향을 미치는 지출을 간접비 또는 고정비라 한다. 대표적인 것이 회사의 각종 임대료나 우리의 월급 등이 해당된다.

수입이나 지출 구조는 회사마다 다르겠지만, 회계 상의 전체적인 맥락은 같다. 이는 감사 보고서를 보면 잘 알 수 있다. 코스피나 코스닥에 상장되어 있는 회사는 인터넷을 통해 바로 확인도 가능하다. 주식 하는 사람이라면 감사 보고서 정도는 알고 있으면 매우 중요한 정보가 될 수 있다.

회사는 남은 이익을 가지고 투자하거나 인센티브를 제공한다. 투자는 공장의 설비를 증설하거나 사람을 더 채용하는 경우가 있고, 인센티브는 월급을 올려준다거나 상여금 형태로 제공하는 경우라 할 수 있다.

내가 견적팀에서 프로젝트 예산을 산정할 때에는 이런 전체적인 흐름을 알지 못했다. 단지 프로젝트를 수행하는데 재료비와 인건비 등을 얼마나 투입해야 최대한의 이익을 볼 수 있는지 여부만 판단하여 작성하였다. 그렇게 작성한 보고서는 최종 승인자의 결재를 통하여 실제 프로젝트에 반영된다.

하지만 영업팀에 와서는 전체 프로젝트를 모아 1년 동안 얼마만큼의 수익을 올렸는지에 대한 실적 평가가 이루어진다. 이 평가에서 각 영업담당의 실적 평가는 물론, 본부별 평가와 회사 전체의 평가가 이루어진다.

내가 관리하는 프로젝트만 제대로 신경 써서 평가받으면 된다고 생각하지만, 그렇지 않다. 회사 전체의 평가를 통해 전체적인 투자나 인센티브가 결정이 되고, 그 전체 금액에서 본부별·팀별·개인별 실적 평가에 따라 차등 지급하게 된다.

내가 이런 점을 언급하는 이유는 회사의 전체적인 수입구조를 이해하지 못할 때에는 항상 이런 불만을 가지고 있었기 때문이다.

'나는 열심히 하는데 왜 연봉을 많이 안 올려주지?'

'일은 더 늘어나는데 왜 사람을 더 뽑아줄 생각을 안 하지?'

이 불만이 해결되려면 우선 앞에서 언급한 회사의 전체적인 수입구조와 선임자라는 두 가지 요인이 충족되어야 한다.

만약 올해 회사 실적이 나쁘면 회사는 당장 투자나 인센티브를 줄이게 된다. 연봉 상승 기회나 상여금 지급은 줄어들거나 아예 없어진다.

혹시 올해 당신의 인센티브가 궁금하다면 당장 영업이나

관리팀처럼 평가에 직접적으로 관여하는 부서의 사람에게 물어보기를 바란다. 그런 상황이 여의치 않으면 회사의 감사 보고서를 입수하여 분석해보기 바란다. 그러면 적어도 막연한 기대감 같은 것은 가지지 않게 될 것이다.

만약 올해 회사 실적이 좋다고 가정해보자. 회사는 투자와 인센티브를 늘릴 것이다. 그러면 투자와 인센티브 중 어떤 부분에 비중을 많이 두게 될까?

대부분 투자를 더 선호한다. 모든 회사가 그런 것은 아니지만, 내가 있었던 회사도 그렇고 많은 협력회사의 영업사원들에게 들었던 사실이다.

그러면 왜 회사는 투자를 더 우선적으로 생각할까?

회사는 올해 얼마만큼의 실적을 올렸는지도 중요하지만, 앞으로 어떻게 지속적으로 성장할 것인가에 대한 고민이 더 중요하다. 회사는 이를 위해 사업 계획서도 짜고, 투자 계획도 잡는다. 당장 직원들에게 연봉을 더 올려주고, 상여금을 더 준다고 회사가 지속적인 성장을 할 것이란 기대는 하지 않는다. 그건 회사의 소유주 혹은 윗분들이 오랜 학습을 통해 알게 된 사실이다. 회사의 규모가 작고 직원 수가 많지 않을 때는 직원들을 독려하며 성장하는 것이 가능하다. 왜냐하면 직원 한 사람이 일으키는 매출이 당장 회사를 운영할 수 있는 소중한 자금이기 때문이다. 그리고 한 사람이 이직을 함으로써 회사가 잃는 기회비용도 상대적으로 크다고 느끼기 때문이다. 하지만 회사의 규모가 커지고 직원 수가 많아지면 직원 한 사람에 대한 기회비용이 크지 않다고 느낀다. 당장 직원 한 명이 이직을 하더라도 다른 직원을 채용해 빈자리를 메우면 된다고 생각하기 때문이다.

반면 회사의 투자는 미래와 직결된다. 투자를 통해 공장이나 설비를 늘릴 수도 있고, 직원을 더 채용할 수도 있다. 또는 과감하게 M&A를 시도할 수도 있다. 앞서 말했다시피 회사 규모가 작을 때에는 어느 정도의 성장만으로도 만족을 느낄 수 있지만, 규모가 커지면 투자를 통해 대규모의 성장을 이루고자 한다. 이것이 회사가 투자에 더 적극적으로 나서는 이유다.

만약 당신이 소유주라면 어떤 선택을 할지는 자명하다. 연봉이나 인센티브는 직원의 성장이 될 수 있어도 소유주의 눈에는 회사의 성장으로 보이지 않는다. 물론 인센티브를 통한 직원의 성장에 큰 가치를 둔 소유주도 분명 있을 것이다. 그러나 내가 경험하고 알고 있는 바로는 소수에 불과하다. 이에 반해 투자는 눈으로 보이는 실체다. 공장이 증축되고, 부서가 늘어나면 소유주의 입장에서는 회사가 성장하고 있다고 생각한다. 그렇기 때문에 회사는 인센티브보다 투자를 더 선호한다.

그러면 올해 회사의 실적에 따라 어느 정도의 인센티브는 보장을 받았다고 가정하자. 그럼 이 인센티브를 모두에게 공평하게 배분하는 회사는 없을 것이다. 적어도 선의의 경쟁을 유도하기 위해서라도 공평하게 배분하는 회사는 없다. 이 인센티브를 차등 배분하는 데 가장 중요한 요소는 무엇일까? 나는 단연코 선임자의 결정 또는 의견이라고 생각한다.

올해 회사의 실적에 따라 인센티브의 전체 금액이 결정되었다면 팀이나 개인별 차등 여부는 선임자의 결정에 따라 정해진다. 그렇기 때문에 우리는 팀장님이나 본부장님에게 잘 보이려고 행동할 수밖에 없다.

5
직장에서 성공은 선임자가 결정한다

～･❦

    내가 처음 신입 사원으로 입사하였을 때, 선임자들이 장비 매뉴얼을 잔뜩 주면서 열심히 보라고 지시하였다. 일주일 동안 노트북도 없이 장비 매뉴얼만 보고 있으려니 죽을 맛이었다. 그나마 동기들 중 한 명이 나와 같은 부서로 발령받아 간간이 즐기는 대화로 하루하루를 보냈다. 그리고 퇴근 시간이 되면 항상 선임들이 마련해주는 술자리에 참석하느라 바빴다. 신입 사원이라 술자리가 있는 날 집에 간다고 얘기하는 것 자체가 어려운 일이었다. 하지만 지방에서 올라온 나로선 저녁을 공짜로 해결할 수 있어 나쁘지 않았고, 다행히 대학생 때부터 선배들과의 술자리를 즐기던 편이라 그 자리가 어렵지 않았다. 나의 동기도 술은 둘째가라면 서러울 정도로 주당이었다. 그렇게 우리 둘은 근무시간은 물론이고 근무시

46

간 이후까지 항상 붙어 다녔다.

그러던 중 직장 내 조직 개편을 하게 되었다. 우리 부서도 두 개의 부서로 나뉘게 되었다. 선임들은 맡은 업무에 따라 나누면 되지만, 당시 맡은 업무가 없던 신입 사원 두 명은 부서를 나누기가 애매하였다. 그래서 팀 회의 끝에 선임 대리 두 명이 결정하기로 하였다. 참고로 A대리는 우리 팀에서 일을 가장 잘하는 대리였고, B대리는 타 부서에서 일을 가장 잘해 우리 팀으로 스카우트된 직원이다. 팀장님은 A대리에게 우선권을 주었고, A대리는 내가 아닌 나의 동기를 선택하였다. 충격이었다. 나중에 A대리에게 그 이유를 듣게 되었는데, 내가 일은 더 잘할 것 같지만, 내 동기가 자신과 더 잘 맞을 것 같아 선택하였다고 한다. 사실 지금 생각해보면 A대리 입장에서는 신입 사원 둘 중 누구를 데리고 일을 하더라도 크게 도움이 되지는 않았을 것이다. 그저 자신과 좀 더 잘 어울리는 사람을 뽑는 게 좋았을 것이다. 이런 일은 차장으로 진급하고 나서도 일어났다.

내가 다니던 직장의 매출 구조는 입찰을 통해 수주한 프로젝트로 구성된다. 수주를 많이 해야 그해 연봉이 오르고 인센티브 등을 받을 수 있다. 그래서 수주에 직접적인 영향을 미치는 영업팀이 가장 막강한 힘을 가지고 있고, 영업팀의 팀장 혹은 팀원들은 부장 이상으로 구성되어 있다. 회사는 어느 정도 경험과 노하우가 있어야 영업을 맡긴다는 얘기다.

내가 차장에 진급하였을 때 영업팀에서 부장님 한 분이 급하게 다른 회사로 이직하였다. 영업본부장님은 사방으로 영업 한 명을 충원하고자 알아보고 다니셨다. 통상적으로 충원할 때에는 같거나 비슷한 수준의 직급으로 충원한다. 그러나 사람이 쉽게 찾아지지 않아 내부에서 뽑기로 하였다. 이번에는 좀 젊은 인재들로 뽑는다는 얘기를 들었고, 얼마 후 나와 K차장이 그 대상에 올랐다.

나와 K차장은 둘 다 각자의 분야에서 인정받은 직원이다. 다만 인정받은 분야가 다르다. 나는 신규 사업 위주로 경험을 쌓았고, K차장은 기존 사업 위주로 경험을 쌓았다. 사실 둘 중 누구를 선택해도 이상할 것은 없다. 다만 이번 영업은 신규 사업 파트를 맡길 것이라는 게 영업본부장님의 의견이었다. 그래서 나는 내심 기대하고 있었다. 그러나 결과는 K차장의 승리였다. 이유는 간단했다. 영업본부장님은 둘 다 좋다는 의견이었고, 담당 영업팀장에게 의견을 구했다. 담당 영업팀장은 K차장과 일을 오랫동안 같이 했다. 담당 영업팀장의 선택이 결정적이었다. 담당 영업팀장은 주저 없이 K차장을 선택했다. 나는 제대로 된 면담조차 진행해보지 못한 채 결정을 받아들여야만 했다. 나로선 억울한 면이 있었다. 하지만 조직에서는 그런 일들이 비일비재하였다.

이렇듯 직장에서 성공은 선임자가 결정하는 경우가 대부분이다. 물론 특별한 제품을 개발하거나 상을 받는 경우 등 회사 이익 창출에 크게 기여한 경우를 제외하고는 성공하기 힘든 것이 우리나라 직장의 현실이다. 그래서 일반 직장인들은 선임자에 대한 예우, 잦은 야근과 회식을 외면하기가 어렵다. 직장 내 조직은 항상 변화하기 때문에 어떤 사람이 내 성공의 열쇠를 쥐고 있을지 알 수 없다. 그래서 우리는 모든 선임자를 예우해야만 한다. 그리고 특별한 경우를 제외하고는 회식도 모두 참석해야만 한다.

나는 여기서 한 가지 불편한 진실을 알게 되었다. 조직에서 성공하기 위한 기본 조건이 인간관계라는 것이다. 그 성공이 크거나 작거나 상관없이 인간관계가 밑바탕에 깔려있어야 한다. 예외적으로 아주 특별한 기능을 보유하여 성공하는 경우도 볼 수 있다. 그러나 그것도 어디까지나 특별한 경우다. 대부분의 직장인들이 연봉이 오르거나 진급하는 경우

인간관계가 많은 영향을 미치게 된다.

'나는 본부장님과 팀장님에게 잘하고 있으니까 연봉도 오르고 진급도 될 거야.'라고 생각하고 있다면 정말 자신만의 특장점이 있는지 다시 한번 생각해 보기 바란다. 상급자들은 대부분 많은 부하 직원들에게 친절하다. 자신이 그 부하 직원들 중 특별히 사랑을 받고 있다면 지금의 직장을 계속 다녀도 좋다. 하지만 이 상황도 시시각각으로 변한다. 앞에서 언급한 A대리의 경우 과장 진급 후 부서를 옮겼고, 몇 년 후 정리 해고를 당했다. A대리가 일을 못해서 정리 해고 된 것이 아니다. 옮긴 부서가 신규 사업에 도전하는 부서고, A대리는 업무 능력을 인정받아 스카우트된 상황이었다. 그러나 2년 후 그 부서는 실적 부진으로 부서 전원이 정리되었다. A대리는 예전 부서로 다시 복귀하려고 했으나, 이마저도 회사의 상황이 좋지 않아 무산되었다.

K차장은 나와 같이 영업팀에 있었지만, 담당 팀장님이 이직하게 되어 많은 어려움을 겪고 있다. 내가 만약 A대리와 같이 일을 했으면 정리 해고 되었을 것이고, K차장보다 먼저 영업팀에 왔으면 K차장이 겪고 있는 어려움을 겪게 되었을 것이다. 물론 그때 결정이 잘된 것인지 잘못된 것인지 아직

은 알 수 없다. 하지만 회사에서 나의 삶은 남의 선택에 의해 럭비공처럼 어디로 튈지 모르는 상황을 겪은 것이다. 이 점이 나에게 많은 생각을 하게 해주었다.

당신도 만약 조직에 몸담고 있다면 한 번쯤 생각해보기 바란다. 직장 상사의 선택이 당신의 삶에 얼마만큼의 영향을 미치는지. 아마 많은 영향을 미치고 있을 것이다. 직장 생활을 잘하는 사람이나 잘 못하는 사람이나 상관없이 직장 상사의 선택을 벗어나기 어려울 것이다. 이런 점 때문에 우리는 그들과 함께 잘 어울리며 살아가야 한다. 당신이 직장을 다니는 동안에는 좋거나 싫다고 해서 선택할 수 있는 문제가 아니다. 상사에게 진심이든 가식이든 잘 보여야 한다. 이건 어느 조직을 가더라도 마찬가지다. 그 상하 관계가 강하거나 약하거나 정도의 차이일 뿐이다. 그리고 당신이 할 수 있는 것은 오로지 더 다닐 것이냐 그만둘 것이냐에 대한 선택뿐이다.

6
가족과 건강을 동시에 잃는 방법

༄.༄

2017년 신년특집 SBS스페셜 〈아빠의 전쟁〉이라는 프로그램을 보았다. 대한민국 직장인 아빠와 가족 간의 현재 문제점 및 미래의 방향을 국내외 사례를 통해 조명해보는 프로그램이다. 이 프로그램은 총 3부작으로 이루어져 있고, 기획 의도는 이렇다.

한국의 야경을 보고 외국인들이 물었다.
"오, 뷰티풀! 이렇게 야경이 아름다운 이유가 무엇입니까?"
한국인이 답했다. "야근입니다."

세계 11위의 경제 대국이라는 대한민국
OECD가 분석한 삶의 질은 거꾸로 달리고 있다. 36개국가 중 노동시간은 두 번째로 길고 '일과 삶의 균형 지수'는 끝에서 세 번째를 기록했다.

죽도록 일에 빠져 살지만 풍요롭지 않다. 행복하지도 않다.

GDP 대비 가계 부채 1위, 자살 사망률 1위, 삶의 만족도 34개국 중 27위, 부모와 자녀가 함께하는 시간은 36개국 중 가장 짧다(48분). 특히 우리나라 아빠들이 아이와 보내는 시간은 OECD 평균의 8분의 1, 고작 6분이다.

가정의 경제를 책임진다는 명분 아래 아내에게 가정의 모든 일을 맡겨두고 가족과 멀어지는 가장의 모습은 우리에게 익숙한 아버지의 이미지다. 열심히 일할수록 가족과 멀어지고, 여유를 부리다가는 언제 낭떠러지로 떨어질지 모르는 딜레마.

아빠들은 말한다. 먹고살려면, 정글 같은 이 사회에서 살아남으려면 어쩔 수 없다고. 그것이 가족의 행복을 책임지는 유일한 방법이라고······.

그래서 지금, 우리는 행복한가?

일과 가정 사이를 표류하며 그림자가 되어가는 아빠들, 그들이 집으로 돌아오지 못하는 이유는 무엇 때문일까. 좀 더 여유 있는 삶을 꿈꾸는 건 우리에겐 배부른 고민인 걸까.

2017 신년특집 SBS스페셜 〈아빠의 전쟁〉은 저녁이 사라져 버린 시대를 살아가고 있는 아빠들과 함께, '더 나은 삶'에 대한 화두를 던지며 그 해법을 모색하고자 한다.

1부는 '아빠 오늘 일찍 와?'라는 제목으로 대한민국의 아빠와 가족의 현재 문제점을 다루고 있다. 그 다섯 가지 사례는 이렇다.

딸에게 혐오스러운 두꺼비와 말 없는 식물이 되어버린 아빠. 매일 야근하는 아빠의 칼퇴근 미션. 직원들의 집단 칼퇴근 선언을 받은 팀장. 인천공항 한복판에서 벌어지는 육아 교대식. 바쁜 아빠 방송인 조영구와 더 바쁜 아들의 딜레마.

2부는 '더 디너 테이블'이라는 제목으로 한 달 동안, 정해진 시간에 가족이 모여 앉아 저녁 식사 게임을 제안한다. 그리고 그 불편한 상황에서 나타나는 다양한 문제점(일중독, 가족 간의 대화 단절, 육아 문제 등등)을 사실적으로 보여주고 있다.

3부는 '잃어버린 아빠의 시간을 찾아서'라는 제목으로 배우 윤상현 씨가 취재 기자로 나서 복지의 천국 스웨덴 가정과 직장을 취재한다.

세계 11위의 경제 대국이라는 대한민국에서 직장인 아빠가 하루 평균 근무하는 시간은 9시간 14분이고, 아이와 아빠가 만나는 시간은 고작 6분이라고 한다. 물론 우리나라 대부분의 아빠가 이 수치에 공감하지 않을 것이고 개인적으로도 이보다는 좀 더 길지 않을까 생각한다. 그러나 6분이라는 것은 수치적인 의미보다 상징적인 의미가 더 크다고 할 수 있다.

스웨덴 시스템이 좋다는 것은 다른 방송을 통해 어느 정도 알고 있을 것이다. 엄마와 아빠가 육아휴직 기간을 똑같이 나누면 추가 세금 감면 혜택을 주는 것과 육아휴직 13개월까지는 급여의 80%를 지급하는 등의 국가적 시스템은 분명 우리가 부러워할 요소들이다. 하지만 현실은 당장 직장에 가서 육아휴직을 하겠다고 선언하면 나의 일자리에 대한 보장은 장담하기 어렵다. 그렇다고 이런 시스템이 우리나라에 없어서 가족들과 대화하기 어렵다는 것은 핑계가 아닌지 진지하게 생각해볼 필요가 있다.

나는 시스템도 중요하지만, 아빠들의 마음가짐이 가장 중요하다고 생각한다.

예컨대, 우리 부모님 세대들은 일만 열심히 하며 살아오셨다. 자식들은 이제 좀 쉬면서 남은 인생을 즐기라고 권유한다. 하지만 부모님들은 대부분 예전 삶의 방식 그대로 살아가신다.

그럼 부모님들이 일만 하시는 삶이 좋아서 그럴까? 아니다. 그분들은 몇십 년 동안 그렇게 살아온 것이 습관처럼 몸에 배어있기 때문이다. 부모님들도 분명 청춘 시절에는 즐기는 법을 알았을 것이다. 그러나 오랜 시간 삶의 경쟁에서 살아남기 위해 고군분투하며 살다 보니 그게 습관이 되어버린다. 그래서 자식들이 이제 즐기면서 살기를 권유해도 즐기면서 사는 방식을 떠올리지 못한다. 이런 삶을 되돌리려면 다시 오랜 기간 조금씩 즐겨봐야 한다.

지금 우리 세대의 아빠들도 마찬가지이다. 우리 부모님 세대에서 겪었던 삶의 방식을 다른 형태로 답습하고 있다. 이런 경쟁에서 살아남기 위한 몸부림만 계속된다면 우리는 점점 더 가족과 공생하는 법을 잊어버리게 될 것이다. 물론 이런 방송이나 강연을 몇 번 접했다고 현실이 당장 바뀌지 않는다는 사실은 잘 알고 있다. 그러나 현실이 바뀌지 않더라도 이런 방송을 보았다면 나 자신부터 조금씩 가족과의 대화를 시도하는 노력은 해봐야 할 것이다.

우선 가족들과 주말에 가까운 공원에 들르거나 근처 대형

마트로 쇼핑을 가는 건 어떨까. 쇼핑이 어렵다면 아이들이 좋아하는 장난감 매장을 찾아가는 것도 좋은 방법이다. 아무튼 작은 것부터 시작해보자. 그럼 가족과의 관계가 점차 좋아지는 것을 느끼게 될 것이다. 항상 가족들과 함께하는 시간을 조금씩 갖겠다는 마음가짐이 중요한 것이다. 처음 아빠가 되었을 때를 생각해보라. 분만실에서 아이를 받고, 집에서 애지중지 보던 신혼 시절에는 가족과 많은 시간을 보내기 위해 노력했을 것이다. 그때 느꼈던 감정을 잊어버려서는 안 된다. 가족과 행복하게 살아가기 위해 필요한 것은 돈이 아니라 공감대를 형성할 수 있는 시간임을 잊어버려서는 안 된다.

행복할 수 있었던 시간을 외면하고 사는 것은 쉽지만, 잃어버린 시간을 되찾으려면 많은 고통이 따른다는 것을 명심하기 바란다.

7
만성피로는 정신적 위험신호다

꿈.ᘓ

직장인이라면 누구나 가지고 있는 병이 있다. 바로 '월요병'이다. 이 병의 증상은 전날인 일요일부터 나타나기 시작한다. 직장인들 중 일요일 저녁이 되면 불안함을 느끼는 사람이 의외로 많을 것이다. 그 증세는 크거나 작거나 하는 차이만 존재하고, 아마 대부분의 직장인이라면 가지고 있다.

내가 다니던 직장의 영업사원들은 이 병을 전부 경험했다. 우리는 항상 매주 월요일 아침에 실적을 보고하기 위해 7시까지 출근한다. 나는 7시 출근을 위해 집에서 5시 30분에 일어난다. 아침에 일찍 일어나는 것도 부담이지만, 실적 보고 때 특별한 문제라도 발생하지 않기를 바라는 정신적 부담이 더 컸다.

이를 위해 금요일 보고 자료 작성에 심혈을 기울였다. 그래도 혹시나 하는 마음에 일요일 저녁부터 걱정이 앞섰다. 주말에 자료를 다시 한번 보고 체크하는 사람들도 있었는데, 나도 그런 사람 중 하나였다. 그렇게 일요일 저녁부터 월요일 아침까지는 긴장된 상태였다. 오전에 보고를 마치면 오후에는 한 주간 방문 계획을 잡아야 했다. 그리고 저녁에는 대개 영업사원들 간의 회식이 있었다.

회식이 끝나고 집에 들어가면 아내와 딸은 잠들어 있었다. 월요일 하루 만에 일주일의 에너지를 전부 소진한 느낌이었다. 주말에 채웠던 에너지가 월요일 하루 만에 방전되었다. 그리고 나머지 요일은 출장을 다니고, 수시로 술자리에 참석했다. 이런 직장 생활 패턴으로 인해 나의 심신은 점점 지쳐만 갔다. 입에 '피곤하다'는 말을 달고 살았다. 직장인들이 많이 경험하는 만성피로였다.

나는 가끔 주말에 운동을 했다. 예전에는 자주 운동도 하고, 수도권 근교로 나들이도 다녔다. 하지만 일을 하면 할수록 운동과 나들이 횟수는 점점 줄어들었다. 주말내 집에서 잠만 자고 싶은 '소파형 인간'이 되어가고 있었다. 나는 이런 문제가 운동부족 때문이라고 생각했다. 운동하는 시간을 더 늘리면 좋아질 것이라고 판단했다. 그래서 헬스장도 다녀보았다. 그런데 운동할 때는 피곤한 줄 모르고 했지만, 하고 나면 다시 피곤함이 몰려왔다. 근무하는 날에는 어깨에 곰 한 마리를 얹고 다니는 것처럼 항상 피곤했다. 피로에 좋다는 약도 복용했지만, 크게 효과를 보지 못했다.

내가 다녔던 회사에 정말 열심히 일하는 A팀장님이 계셨다. A팀장님은 항상 출장을 다니셨다. 그래서 잘 보지는 못했지만, 워낙 성격이 좋아 많은 사람에게 좋은 평을 듣는 분이었다. 나는 프로젝트 입찰을 준비해야 할 때면 주말도 자주 회사를 나왔다. 그러면 A팀장님이 항상 자리에서 자고 계셨다. 가끔 지나가는 말로 "팀장님 너무 열심히 하시는 것 같습니다. 일은 팀원들에게 맡기고 주말은 좀 쉬세요."라고 하면, "팀원들도 고생하는데 나도 같이 도와야지."라고 하셨다.

사실 A팀장님은 팀원들보다 훨씬 많은 일을 했다. 팀장이라는 직책 때문이기도 했지만, 그분 성격상 일이 있으면 팀원들에게 잘 맡기지 못하셨다. 그러던 어느 날 A팀장님이 암에 걸렸다는 얘기를 들었다. A팀장님은 술도 잘 안 마시고, 담배도 피우지 않았던 분이었다. 신체도 좋으셔서 당연히 건강하다고 생각했다. 다행히 A팀장님은 항암 치료를 잘 받고,

다시 회사로 복귀하셨다. 그러나 얼굴이나 몸은 예전 같지 않아 보였다. A팀장님은 힘든 몸으로 다시 출장을 다니셨다. 나는 A팀장님이 좀 쉬어야 한다고 생각했지만, 집안 형편상 쉴 수가 없는 처지라고 들었다. 결국 A팀장님은 1년을 버티지 못하고 유명을 달리하셨다. 나는 A팀장님이 과로로 인해 암이 재발했다는 얘기를 들었다.

과로는 만성피로가 일정량 이상 쌓이면 나타난다. 만성피로는 오랜 시간을 거쳐 조금씩 쌓이기 때문에 평소에는 큰 위험을 느끼지 못한다. 만성피로가 나타나면 우리 몸은 점점 무기력해진다. 그리고 뇌는 일정한 피로에 점점 무감각해진다. 몸은 점점 무기력해지고 있다는 신호를 뇌에게 일정한 속도로 보내지만 뇌는 일정한 속도로 지속적인 자극을 보내게 되면 이것을 위험신호로 인식하지 못한다. 그냥 습관처럼 받아들이게 되는 것이다.

그래서 나는 만성피로가 육체적인 문제의 해결만으로 없어지지 않는다는 사실을 알게 되었다. 그렇다. 만성피로는 몸이 뇌에게 지속적으로 보내는 위험신호다. 이제 할 만큼 했으니 좀 쉬라는 신호를 지속적으로 보내는 것이다.

나는 지금까지 그 신호를 무시한 채 달려왔다. 그런 신호

정도는 극복해야 한다고 생각했다. 그리고 크게 신경 쓰지도 않았다. 남들도 다 그렇게 버티면서 회사에 다니니까 당연히 그래야 한다고 생각했다. 그래서 나한테 휴식이 필요하다는 위험신호도 무시한 채 살아왔다. 그리고 매일 피곤한 몸으로 일했고, 그 몸에 잠깐의 휴식을 주기 위해 주말에는 잠만 잤다. 그러나 이제는 그 정신적 위험신호를 받아들이고 치유하기로 했다. 회사를 그만두면서 몸과 뇌가 모두 좋아지고 있다. 몸은 운동으로, 뇌는 책으로 치유하고 있다. 다행히 지금은 몸과 뇌가 점점 좋아지는 것이 느껴진다.

김난도 교수님의 『아프니까 청춘이다』를 보면 지금 내가 취하는 휴식이 아주 적절하다는 것을 알 수 있다. 책의 내용 중 이런 부분이 있다.

"내 책상 위에는 가지 않는 탁상시계가 있다. 고장 난 것은 아니다. 내가 일부러 건전지를 빼두었다. 그렇다고 이 시계가 늘 서있기만 한 것은 아니다. 매년 내 생일이 되면, 18분씩 앞으로 시곗바늘을 옮긴다."

김난도 교수님의 인생 시계다. 수명을 80세로 가정하여 24시간(1,440분)을 80년으로 환산해보면 1년은 18분에 해당한다. 그렇게 만들어진 인생 시계를 통해 젊은이들에게 아직 시간이 많이 남아있으니 더욱더 열심히 도전하라고 독려하고 있다.

그럼 내 나이 39살을 환산해보면 오전 11시 42분이다. 내가 직장 다닐 때 점심 먹으러 가는 시간과 거의 비슷했다. 그렇다. 내 인생은 지금 점심시간이다. 더욱더 든든히 먹고, 잠시 쉬었다가 다시 오후의 일을 준비하는 시간이다. 잠깐 오침을 해도 되고, 스포츠를 시청해도 되고, 자기 계발을 해도 된다.

즉, 뭘 해도 되는 시간이다. 나의 자유 시간이다.

직장에서 이런 점심시간도 없이 하루 종일 일만 한다고 생각하면 정말 끔찍할 것이다. 그래서 나는 몸과 마음을 잠시 치유하고 다시 인생의 오후를 달려보기로 결심했다. 한 가정의 가장으로서는 정말 힘든 선택을 했다.

주위 사람들의 너무 성급한 선택이 아니냐는 우려의 목소리도 들었다. 나중에 이 선택이 어떤 결과로 나타날지 모르겠지만, 지금은 너무 좋은 선택을 했다고 생각한다.

나는 앞으로도 계속 나에게 투자하고 휴식도 주고 싶다. 지금까지 타인에게 인정받으려고 노력하며 살았다. 그 인정을 이제는 나 자신에게 돌려주고 싶다. 그런 삶이 나의 몸과 뇌를 오랫동안 건강하게 유지하는 방법이라고 생각한다. 그

리고 그렇게 하는 것이 나와 가족을 위한 길이기도 하다는 생
각이 들었다.

2장
직장 생활! 왜 불안할까?

인생의 도전은 스키장에서 스노보드를 배우는 것과 비슷하다. 슬로프 가장자리에서 스노보드의 방향을 급격하게 돌리면 넘어진다. '턴(Turn)'하는 기술을 배워야 한다. 인생의 방향을 전환하는 도전은 두렵다. 그냥 천천히 낙엽으로 내려와도 된다. 굳이 계속 넘어지면서 방향 전환할 필요는 없다. 하지만 즐기고 싶으면 두려움이 생기더라도 방향 전환하는 기술을 배워야 한다. 용기를 내야 한다.

1
다녀도 불안한 직장 생활

~~9.€

    직장 다니면서 불안하다고 느낀 적이 있는가? 나는 많았다. 가장 두려운 것이 미래에 대한 불안감이다. 직장인이라면 누구나 자신의 정년에 대해 한 번쯤 생각해보았을 것이다. 나는 정년이란 단어를 생각하면 두 가지 생각이 떠오른다. '정년을 다 채울 수 있을까?'와 '정년이 지나면 뭐 해먹고 살지?', 둘 다 미래에 대한 불안감이다.

    정년이 보장되어 있는 공무원이라면 특별히 사고를 치지 않는 이상 정년은 다 채우고 퇴직할 수 있을 것이다. 그리고 정년이 지나면 연금을 받아 생활할 것이다. 그래서 지금도 노량진에서 공무원을 준비하는 사람은 점점 늘어나고 있다. 공무원이라고 해도 미래의 삶과 모습이 어떻게 변화할지 생각해보면 마냥 희망적이지는 않을 것이다. 물론 자신의 미래를 잘 설계하고 있는 사람은 제외다. 이렇게 미래가 잘 설계되어 있는 사람을 제외한 대다수의 직장인들은 정년을 보장받지 못한 채, 불안감을 안고 살아가고 있다.

회사는 이익집단이기 때문에 당신이 회사의 이익에 공헌하지 못하면 언제라도 사직을 권고한다. 말이 권고사직이지 강제사직이라고 보면 좋을 것이다. 쌍용자동차 사태, 대우조선해양 사태 등을 TV에서 보았을 것이다. 만약 정규직이 아니라면 사직에 대한 권고는 언제든지 받을 준비를 하고 있어야 한다.

나는 한 직장을 10년 동안 다니면서 이 직장이 과연 평생직장인지, 언제쯤 정년퇴직하고 무엇을 하며 지낼지 생각해 보았지만 불안한 마음만 들었다. 나와 같이 민간 기업에서 직장 생활을 하는 사람이라면 미래에 대한 불안한 마음은 클 것이다. 우리는 불확실한 시대를 살아가고 있고, 그 불확실한 시대에 불확실한 직장 생활을 하고 있다.

나는 이러한 상황들에 대해 심각하게 고민하다 보니 한 가지 질문에 다가가게 되었다.

'직장 꼭 다녀야 하나?'

이 질문은 많은 직장인들이 한 번쯤은 해보았을 것이다. 직장을 다닐지 안 다닐지는 당신의 자유다. 하지만 만약 당신이 '나는 정년까지 무조건 다녀야 해!'라고 한다면 그 선택권은 회사로 넘어가게 된다. 다행히 회사가 나의 능력을 인정해줘서 정년까지 무탈하게 다닐 수 있다면 이상적일 것이다. 하지만 당신이 정년을 앞둔 시점이든 회사를 다니는 중간 시점이든 당신의 선택과 상관없이 그만둬야 하는 시기는 반드시 온다. 단지 정년을 다 채우고 나가느냐, 중간에 정리가 되느냐의 차이만 있을 뿐이다.

그럼 이 질문에 대해 한번 생각해보자.

'앞으로 뭐 먹고 살지?'

이 질문에 대한 해답이 과연 당신에게 있는가? 만약 이 해답이 당신에게 있다면 당신은 정년을 다 채울 수도 있고, 중간에 다른 직업으로 전업을 할 수도 있다. 즉, 당신에게 선택권이 주어지게 된다. 이 질문에 해답을 찾는 것이 당신의 직장 생활에서 가장 큰 숙제다. 하지만 대부분의 직장인들이 이 질문에 대한 해답을 여전히 찾지 못하고 있다. 설령 해답을 찾았다 하더라도 그 해답에 대한 검증이 필요할 것이다. 왜냐하면 당신이 세상은 밖으로 나가는 순간 세상은 다르게 변하기 때문이다.

직장에 있을 때의 세상은 내가 집 안에서 창문을 열고 주변을 보는 것과 같다. 집 안이라는 안도감을 가지고 세상을 조그마한 창문을 통해 일부분만 보게 되는 것이다. 내가 보이는 부분만 보면 된다. 그리고 누가 나를 해치지도 않는다. 그러나 세상이라는 문을 열고 나오는 순간, 당신은 자신이 갈 방향을 설정해야 한다. 그리고 누가 나를 해칠 수도 있으니 주변을 항상 잘 살펴야 한다. 집 안에 있을 때 많은 준비를 하면 세상이라는 문을 열고 나왔을 때 당황하지 않고 내가 가고자 하는 방향으로 갈 수 있다.

나는 작가가 되고 싶다는 마음을 먹고 실행에 옮기기까지 2년이 걸렸다. 지금에 와서 생각해보면 조금 더 일찍 시작하는 것이 더 좋았을 것 같다. 하지만 그때는 왜 작가가 되어야 하는지에 대한 정확한 명분이 없었다. 그리고 두려웠다. 그 두려움을 없애기 위해 많은 준비를 해야겠다고 생각했다. 그러나 그 두려움은 없어지지 않는다는 것을 바로 알게 되었다. 이것을 알기까지 2년이라는 시간이 걸린 것이다.

어떤 일을 새롭게 시작할 때 우리는 누구나 설렘과 두려움을 동시에 느끼게 된다.

신입 사원으로 처음 출근했을 때를 생각해 보자. 이 설렘과 두려움의 비율에 따라 용기가 될 수도 있고, 포기가 될 수도 있다. 이 설렘과 두려움은 시소라고 생각하면 된다. 보통 처음에는 두려움이 설렘보다 크게 나타난다. 그래서 섣불리 용기를 내기가 어렵다. 하지만 새로운 도전에 대해 준비를 하거나 검증 과정을 거치게 되면 조금씩 확신이 생겨난다. 그러면 설렘은 조금씩 커져가고 두려움은 조금씩 줄어든다.

일반적으로 이 설렘이 두려움보다 커지게 되면 도전하고자 하는 용기를 갖게 된다.

2014년 7월에 개봉한 〈명량〉에서 이순신 장군이 일본 수군과 명량해전을 앞두고 아들에게 이런 말을 했다.

"두려움은 필시 적과 아군을 구별치 않고 나타날 수가 있다. 저들도 지난 6년 동안 나에게 줄곧 당해온 두려움이 분명 남아있기 때문이다. 만일 그 두려움을 용기로 바꿀 수만 있다면 그 용기는 백배 천배 큰 용기로 배가되어 나타날 것이다."

이순신 장군의 말처럼 새로운 일에 도전할 때 생기는 두려움을 용기로 바꾸는 일을 해야 한다. 전부 바꿀 수는 없다. 설렘이 두려움보다 더 커질 만큼만 바꾸면 된다. 그러면 용기가 생길 것이다. 줄어든 두려움도 항상 같이 간다고 생각해라. 직장 생활을 하는 동안 미래에 대한 막연한 불안감보다 설렘과 두려움을 가지는 편이 훨씬 낫다. 그리고 설렘과 두려움의 대상이 생겼으면 두려움을 용기로 바꾸는 것에 많은 시간을 투자해라. 직장 생활을 하면서 딴 주머니를 차고 있어야 불안감이 줄어든다. 하지만 딴 주머니도 용기 있는 사람이 찬다는 것을 알기 바란다.

2
아저씨의 마음

〰️.〰️

EBS 다큐프라임의 〈아저씨의 마음〉이라는 프로그램을 보았다.

40대 남성 다섯 명이 출연하여 4주간 다양한 토론을 통해 자신의 마음을 찾아가는 프로그램이었다. 여기서 40대 아저씨들의 눈에 가장 많이 꽂히는 단어는 '불안'이다. 참석자 A씨는 부모님이 늙어가는 걱정과 애들 크는 걱정 등 돈 들어가는 걱정 때문에 항상 마음이 불안하다고 한다. 충분히 공감한다. 일반 직장인들은 자신이 받는 월급만으로는 현재 생활하기가 어렵다고 생각한다. 그래서 맞벌이를 한다.

그럼 맞벌이를 하면 좀 더 나아지는가? 처음에는 나아지지만, 시간이 지나면 곧 돈 걱정을 다시 하게 된다. 이건 왜 그럴까?

소비는 소득에 따라 비례하여 움직인다. 소득이 줄어들면 소비는 줄어들게 된다. 그리고 소득이 늘어나면 소비도 늘어난다. 가족들은 소득이 늘어 소비가 늘어날 때는 그 혜택을 잘 못 느낀다. 당연하게 받아들인다. 하지만 소득이 줄어 소비를 줄이고자 하면 그 고통은 아주 크게 느낀다. 40대 가장들이 힘들어하는 이유가 바로 거기에 있다. 앞으로 소득은 크게 늘어날 만한 요소가 보이지 않는데, 소비는 크게 증가할 것으로 보이기 때문이다.

해결 방법은 가족들이 소득에 따라 자연스럽게 소비를 줄여주면 된다. 하지만 40대 가장들은 자신의 무능력함 때문에 가족들이 고통받는다고 생각한다. 실제 가족들이 가장을 무능력하다고 생각하는 경우는 드물다. 하지만 40대 가장들은 항상 자신의 무능력함을 걱정하고, 소득을 늘리기 위한 방법을 강구하며 살아가고 있다.

UCLA 의과대학에 재직 중인 임상심리학자 로버트 마우어 교수는 『두려움의 재발견』에서 이러한 걱정은 매우 비생산적이라고 설명했다.

"많은 사람이 두려움을 직접 마주 보는 대신 머릿속으로 끝없이 되새김질하며 상처를 입는다. 두려움에 대처할 행동은 하지 않는다. 걱정은 건강한 감정이 될 수 있지만, 보호적 행동으로 이어질 때만 그렇다. 길을 건너기 전에 걱정을 한다면, 좌우를 잘 살피게 된다. 공항에 늦어 비행기를 놓칠까 봐 걱정이 되면, 조금 일찍 집에서 출발한다. 이러한 걱정들은 안전하게 목표를 성취할 수 있도록 태도를 조정하게 만든다. 반면에 시험을 걱정하면서 더 열심히 공부하지 않거나, 집 밖으로 나가지도 않으면서 좋은 사람을 만나지 못할까 봐 걱정하는 것은 아무런 도움이 되지 않는다. 진짜 걱정은 해결책이 없는 것이다. 이러한 걱정은 우리의 두려움을 진정시키기보다 더욱 자극한다."

여기서 우리는 걱정은 보호적 행동으로 이어질 때만 건강한 감정이 될 수 있다는 것과 건강하지 못한 걱정은 두려움을 자극한다는 것에 주목해야 한다.

참석자 A씨처럼 부모님이 늙어가는 걱정과 애들 크는 걱정은 나를 보호하기 위한 행동이 아니다. 부모님이 늙어가는 걱정과 애들 크는 걱정보다 내가 지금부터 무엇을 해야 하는지 생각하자. 부모님이 늙어가고, 애들이 크면 자연스럽게 소비는 늘어나게 된다. 그러면 나는 이 늘어나는 소비를 해결하기 위한 방안을 찾아야 한다. 자신의 무능력함을 걱정하기보다 이 문제를 해결할 수 있는 방안을 어떻게 찾을지 걱정하자. 해결 방안을 찾는 걱정은 나를 보호하는 행동이므로 건강한 감정이 될 수 있다.

이 프로그램에서 심리워크숍디렉터 노미선 님은 이렇게 조언했다.

"한국 사회에서 가장으로서 해야 하는 역할이 뭐냐고 물어보면 일단 돈도 있어야 되고, 애들이 뭘 물어볼 때 잘 대답도 해줘야 되고, 태양처럼 찬란하게 모든 길을 다 비춰줘야 하고, 어머니든 아내든 내 가족들이 어려움을 가지고 있을 때 해결해줄 수 있어야 하고, 가장이 되어야 한다는 것 안에는 촘촘하게 이런 압박감들이 들어가 있는 거예요."

그리고 이 모든 역할을 한마디로 정의했다.

"슈드 비(should be, 해야만 하는) 콤플렉스."

나도 이 콤플렉스를 가지고 있었던 것 같다. 지금까지 살아오면서 가족을 위해 항상 뭔가를 해야만 했다. 그게 운명이라고 생각했다.

나는 살아가면서 내 의지와는 상관없이 맡게 된 역할이 있다. '장남'이라는 역할이다. 정확하게 내 여동생이 태어나면서부터 장남 역할을 맡게 되었다. 이 역할은 대한민국 사회에서 중요한 임무를 맡는다. 그 대표적인 임무가 책임과 희생이다. 아버지와 함께 가족을 이끌어가야 할 책임, 결혼하면 아내와 자식을 이끌어가야 할 책임. 이런 책임을 수행하기 위해 희생해야만 한다. 나의 적성과 무관하게 가족을 이끌기 위해 사회 활동을 하고 결혼하면 아내와 자식을 위해 직장 생활을 버티는 것이 그런 희생에 해당된다고 할 수 있다.

대학생 시절 우리 집안은 상당히 어려웠다. 내가 대학교 4학년 졸업반이었을 공무원과 공기업 붐이 불었다. 내 주변 친구들은 대부분 공무원과 공기업을 준비했다. 하지만 나는 공무원과 공기업을 준비할 시간이 없었다. 무조건 빠른 시간 안에 먹고살 수 있는 곳을 찾아야만 했다. 그래서 나는 내 적성과 상관없이 나를 받아주는 첫 번째 회사에 입사했다. 다행히 입사해보니 생각보다 괜찮은 회사라는 것을 알게 되었다. 그래서 10년을 다녔다. 그동안 우리 집 형편도 많이 좋아졌고, 결혼도 했다. 나는 장남으로서 마땅히 해야 할 도리를 했다고 생각한다. 그렇게 38년 동안 부모님 말씀 잘 듣고, 내 가정 잘 지키며 살았다. 이렇게 38년을 살다 보니 그런 생각이 들었다.

'나는 그동안 내 감정에 얼마나 충실하며 살았는가?'

이 프로그램에서는 가장들의 진정한 감정을 보기 위해 이런 실험을 한다. 참가자 B씨는 20대부터 자신의 가족과 어머님을 같이 부양하며 살아왔다. B씨의 고민은 부양해야 하는 어머님에 대한 서운한 마음이었다. 자신이 어머님을 부양하면 할수록 어머님의 기대는 커져갔다. 어머님의 기대가 커지는 만큼 자신의 부담도 커져갔다. 마지막 4주차, 각자의 고민을 적어 발표하는 시간이었다. 발표는 B씨의 고민을 C씨가 읽어주고 다른 세 명의 출연자가 위로해주는 형태로 진행되었다. B씨는 그저 옆에서 지켜보기만 했다. B씨는 그동안 쌓아두었던 자신의 마음을 생각이 아닌 눈으로 지켜보면서 눈물을 흘렸다. 그리고 자신의 고민을 읽어준 C씨를 꼭 안아주며 말했다.

"고생 많았다."

B씨는 자신에게 꼭 해주고 싶은 말을 한 것이다.

많은 가장들은 철저히 감정을 숨기고 살아간다. 힘들다고 맘대로 울지도 못한다. 가장은 직장 생활도 잘해야만 하고, 가정 생활도 잘해야만 하고, 양가 부모님께도 잘해야만 한다. 모든 가장은 그렇게 슈드 비 콤플렉스를 가지고 살아간다. 그것이 우리 사회가 요구하는 '아저씨의 마음'이다.

3
하얀 눈 위의 두려움

나는 직장 생활을 하면서 돈이 어느 정도 있어야 경험할 수 있는 것들을 하게 되었다. 그중 하나가 스노보드였다. 나는 2007년에 처음으로 스키장에 스노보드를 타러 갔다. 직장 동료들의 권유가 아니었으면 절대 스키장에 가는 일은 없었을 것이다. 나는 울산에서 태어나고 자랐기 때문에 주변에 스키장도 없었고, 갈 돈도 없었다. 하지만 이제는 돈도 생겼고, 스키장에 같이 갈 사람들도 생겼다. 그냥 그들이 이끄는 대로 가면 된다. 스노보드를 잘 타는 동료가 있어 초보인 나를 가르쳐주었다. 기본적인 동작부터 내려오면서 방향을 전환하는 기술까지 상세히 가르쳐주었다. 원래 운동은 이론보다 실습이 더 중요하다고 생각하기에 어느 정도만 배우고 혼자 타기 시작했다.

스노보드는 제일 먼저 '에지(Edge)'라는 멈추는 기술을 배운다. 스노보드는 두 발이 묶인 채 빠른 속도로 내려오는 운동이라 자칫하면 큰 사고를 당할 수 있다. 그래서 잘 멈추는 기술을 제일 먼저 배운다. 이 기술을 잘 익혀둬야 자신과 타인의 몸을 모두 보호할 수 있다. 그 다음으로 '낙엽'이라는 내려오는 기술을 배운다. 이건 기술이라기보다 내려오는 형태가 낙엽같이 생겨 그렇게 부르는 것 같았다. 초보자는 한동안 이 기술만 익힌다. 여기서 많이 넘어지며 내려오는 감각을 익힌다. 그다음 단계로 S자 형태로 내려오는 동작을 배우는데, 여기서 '턴(Turn)'이라는 기술을 배운다. 슬로프 가장자리에서 방향을 전환하는 기술이다. 이 기술을 통해 S자 형태로 내려오게 된다.

보통 초보자들은 내려오는 속력이 무서워 턴을 급격하게 한다. 그러면 넘어지게 된다. 스노보드를 잘 타는 동료가 내게 조언해주었다. 큰 S자를 그리면서 내려오면 된다고. 하지만 초보인 나는 천천히 돌리게 되면 방향이 전환되는 시점에 슬로프와 스노보드가 평행이 된다. 그 잠깐의 순간에 엄청난 속력이 붙는다. 그 순간이 초보자에게는 너무 두려운 순간이다. 그래서 턴이 어렵다. 다시 연습한다. 넘어지기를 수십 번 반복한다. 그러다 잠시 쉬면서 옆에 나와 비슷한 처지의 초보자를 지켜보았다. 정말 답답하게 내려간다. 턴하는 순간의 속력도 그리 빠르게 느껴지지 않는다.

다시 용기를 내서 일어났다. 그리고 다시 연습한다. 속력이 너무 빠르다. 다른 사람을 볼 때에는 느렸던 속력이 나에게는 너무 빠르게 느껴진다. 수십 번 넘어졌다가 갑자기 턴을 한 번 성공하게 되었다. 어쩌다 성공했지만 기분이 날아갈 듯 좋았다. 그때부턴 조금씩 자신감이 붙기 시작했다. 턴할 때 속력도 그리 빠르게 느껴지지 않았다. 여유가 조금씩 생겼다. 조금씩 멀리 보기 시작하면서 체감 속력은 점점 낮아졌다.

그 다음부터는 자동으로 몸이 돌아갔다. 스노보드를 타는 것이 재밌어지는 순간이다. 옆에 다가오는 사람도 조금씩 쳐다보고 피할 수 있는 요령도 생겼다. 그렇게 스노보드 실력은 점차 늘어갔다. 이제 바람에 몸을 맡기고 내려가는 속도를 즐긴다. 속도를 내고 싶으면 낼 수 있고, 줄이고 싶으면 줄일 수 있다. 통제가 가능해졌다. 통제가 가능해지면 두려움은 조금씩 줄어들고, 자신감은 조금씩 생겨났다.

인생의 도전은 스키장에서 스노보드를 배우는 것과 비슷

하다. 슬로프 가장자리에서 스노보드의 방향을 급격하게 돌리면 넘어진다. 턴하는 기술을 배워야 한다. 인생의 방향을 전환하는 도전은 두렵다. 그냥 천천히 낙엽으로 내려와도 된다. 굳이 계속 넘어지면서 방향 전환할 필요는 없다. 하지만 즐기고 싶으면 두려움이 생기더라도 방향 전환하는 기술을 배워야 한다. 용기를 내야 한다.

스노보드의 속도가 너무 빨라 넘어지는 것만 생각하고, 그것이 두려워 시도조차 하지 않으면 영원히 멋있고 즐거운 스노보드를 탈 수 없다. 그럴 땐 나와 같은 처지에 있는 사람을 봐라. 그 사람도 넘어질 듯 위태롭게 도전하고 있을 것이다. 그리고 넘어지는 경우도 있을 것이다. 그 사람이 넘어지는 것을 보게 되면 안타깝지만, 다시 도전하는 모습에서 용기를 얻을 수 있을 것이다. 남이 실패에서 느끼는 강도가 내가 느끼는 실패 강도보다 크게 느껴지지 않을 것이다. 마치 다른 사람이 스노보드 타는 것을 볼 때 내가 느끼는 속도가 느린 것처럼.

스노보드를 잘 타는 동료 직원이 그랬다. 자신도 가끔씩 부딪치는 순간은 스노보드가 두렵다고. 하지만 스노보드를 타는 즐거움이 두려움을 압도하는 것이다. 인생의 도전도 그렇다. 두렵다는 사실 자체를 인정하자. 그리고 많이 넘어져 보자. 멀리 보고 조금씩 내려오다 보면 어느 순간 인생의 턴이 되는 것이다.

뇌과학 전문가인 마르티나 시한과 수잔 피어스가 펴낸 『마음 관찰의 힘』에서 일반인들의 삶을 위협하는 다섯 가지 두려움에 대해 이렇게 설명하고 있다.

"뇌가 위협을 감지하고 거기에 반응을 보이는 것은 인류의 시작과 함께했다고 봐도 무방하다. …(중략)… 우리 뇌는 신체의 안전에 직접적인 위협이 되는 것만 경계하고 살피는 것이 아니다. 시간이 흐르면서 신체적 생존과 연관된 많은 보편적 경험에 의해서도 경계 태세를 취한다. 뇌 깊숙한 곳에서 위협을 인지하면 그에 따른 위협 반응이 일어나서 결국 많은 사람들이 보편적으로 느끼는 두려움이 촉발된다."

1. 실패에 대한 두려움
2. 통제력 상실에 대한 두려움
3. 남보다 튀게 되는 두려움
4. 중요한 무언가를 놓치게 되는 두려움
5. 진실 대면에 대한 두려움

이 다섯 가지의 두려움은 인생의 턴을 할 때도 나타난다.

첫 번째, 실패에 대한 두려움은 인생의 턴을 결심하고, 만약 실패하면 인생의 낙오자가 되지 않을까 하는 생각으로 나타난다. 이것은 결심하기 전에 나타날 수도 있다. 불편한 일을 피하기 위해서 변명하려는 순간을 주목해보자. 그리고 변명을 생각하기 전, 일단 그 일을 시작해보자. 이런 시도가 어렵다면 평소 직장 다닐 때 어려운 업무나 프로젝트를 맡아서 진행해보자. 좋은 훈련이 될 것이다.

두 번째, 통제력 상실에 대한 두려움은 계획한 대로 진행되지 않을 것 같은 생각으로 나타난다. 이를 극복하기 위해서는 계획을 짜되 계획대로 되지 않을 것이라는 생각을 먼저 가지자. 그리고 계획대로 진행되지 않더라도 체크만 하자. 내가 통제할 수 있다는 강박관념에서 벗어나기 위해서는 관망하는 자세가 필요하다. 추후 결과에 미치는 영향만 체크하자. 만약 부정적인 요소라면 버리고, 긍정적인 요소라면 원래 계획과 비교하여 수용하도록 하자. 의외로 원래 계획과 다른 긍정적인 요소가 많을 것이다.

세 번째, 남보다 튀게 되는 두려움은 혹시 남들과 다르게 행동하여 불이익을 받지 않을까 하는 생각에서 나타난다. 이것은 안정을 추구하는 대다수의 직장인들에게 나타난다. 도전을 결심할 때 남들의 시선이 신경 쓰일 것이다. 그러나 이것만은 확실하다. 의외로 남들은 당신의 일에 관심이 없다. 도전을 결심하는 그 순간 많은 조언과 걱정을 듣게 되지만, 막상 도전을 시작하면 다들 각자의 생활과 일 때문에 나를 신경 써주지 않는다. 그러니까 남들이 자신을 이렇게 저렇게 생각한다는 것은 내 생각이지 결코 상대방의 생각은 아니다. 어쩌면 생각조차 하지 않을 가능성이 더 많다.

네 번째, 중요한 무언가를 놓치게 되는 두려움은 대부분 완벽을 추구하는 사람에게서 많이 나타난다. 이것은 일을 진행하는 과정에서 나타난다. 실제 일을 시작해보면 놓치고 있을 것 같은 그 중요한 무언가가 그리 중요하지 않은 경우가 많다. 설사 중요한 무언가를 놓치게 되어 실패하더라도 다시 시작하면 된다. 긍정적인 마음을 가지고 적극적으로 진행하자.

다섯 번째, 진실 대면에 대한 두려움은 책임지고 일을 진행하다 잘못되어 어려운 상황에 부딪히게 될까 두려워 피하고 싶을 때 나타난다. 도전하기로 선택하였다면 미래도 내몫이다. 도전 자체가 실패할 확률이 더 많은 게임이다. 그러나 실패의 진실을 대면하였을 때 두렵다고 피하지 말고, 성공의 진실을 맞이하기 위한 좋은 경험이라고 생각하자. 몇 번 실패했다고 주저앉기에는 시작한 것이 아깝지 않은가.

나는 이미 인생의 턴을 결심했다. 실패할까 두렵고, 계획대로 되지 않을까 두렵고, 남들이 어떻게 생각할까 두렵고, 중요한 무언가를 놓치고 있지는 않을까 두렵고, 실패의 진실을 대면할까 두렵다. 하지만 이 두려움을 받아들여야 한다. 없앨 수 있으면 좋겠지만, 성공한 사람들 대부분은 이 두려움을 수용한다. 수십 번 넘어지는 두려움을 생각하기보다 시도하는 지금 이 순간을 즐기려고 한다. 나는 책을 읽고, 책을 쓰는 이 순간을 즐기고 있다. 이렇게 조금씩 즐기면서 가다 보면 어느 순간 인생의 턴이 이루어질 것이라 확신한다.

당신도 인생의 목표를 정했다면 도전하는 이 순간을 즐기기 바란다. 많은 시행착오 끝에 내 몸이 스스로 반응하는 순간이 반드시 온다. 이것을 '직관력'이라고 한다. 이 '직관력'은 많은 실수와 시행착오에서 비롯된다. 그리고 이 '직관력'이 생겼을 때 우리는 어떠한 두려움도 극복할 수가 있게 된다. 또한, 당신이 이 '직관력'을 가지고 있다면 인생의 즐거움과 도전의 설렘이 두려움을 압도할 것이다. 그러면 당신은 인생이라는 긴 슬로프를 멋지고 즐겁게 내려오고 있는 당신의 모습을 보게 될 것이다.

4
불안하거나 두렵거나

〜·〜

2016년에 다니던 회사의 사정이 좋지 않아 구조조정을 하게 되었다. 대기업의 구조조정처럼 대규모 사직을 받는 것은 아니지만, 내가 입사한 10년 동안 가장 많은 직원이 사직한 경우기 때문에 구조조정이라 할 만하다.

이번 구조조정이 좀 기억에 남는 것은 최근 일이기도 하지만, 10년간 나와 회사생활을 같이한 동기를 포함하여 다수의 친한 선후배들이 구조조정 대상자에 속해 있었기 때문이다. 예전에는 나와 친분이 있던 사람이 거의 없었다. 하지만 이번에는 나와 친한 분들이 다수 포함되어 있어 불편한 마음이 더 컸다.

회사는 이윤 추구를 위해 재료비, 노무비, 경비를 절감한다. 또한, 회사가 어려워지면 재료비, 노무비, 경비를 줄이는 노력은 더욱 강도 높게 진행하게 된다. 재료비는 같은 성능을 발휘한다면 가격이 저렴한 제품을 선정하고 문제가 있는 프로세스는 개선하고자 노력한다. 하지만 재료비는 줄이는데 한계가 있고, 그 효과도 크지 않다. 그래서 가장 효과가 좋은 노무비 즉, 인건비를 줄인다. 구조조정을 통해 인건비를 줄이는 것은 경비를 줄이는 효과도 동시에 발생하게 된다. 사람을 줄이면 그 사람에게 들어갔던 관리비도 같이 줄어들게 되는 것이다. 그래서 회사는 어려워지면 구조조정을 통해 자생력을 확보하고자 한다.

이번 구조조정도 그런 맥락에서 보면 이해가 간다. 하지만 그 방법에 있어 이해가 안 가는 점이 있었다. 이번 구조조정에는 대리, 과장, 차장 등 대부분이 하위 직급의 직원들이고, 열정적으로 일하는 직급들이다. 분명 열정적으로 일한 부하 직원들 때문에 회사가 어려워진 것은 아닐 것이다. 회사가 어려워진 원인은 여러 가지가 요인이 있을 것이다.

그러면 그 구조조정의 기준은 있어야 하지 않은가?

내가 볼 땐 회사의 기준은 이랬다. 회사 결산 손익의 적자를 흑자로 돌리기 위해 구조조정이 불가피했을 것이다. 적자분의 금액을 메울 수 있는 인건비는 정해져 있었을 것이고, 그 인건비 금액에 따라 각 팀에게 인원 감축을 지시했을 것이다.

그러다 보니 팀장이나 본부장에게 평소 미운털이 박힌 사람들은 그 대상에 오르게 되었을 것이다. 명백한 기준은 없고, 할당되어 있는 인건비 금액을 맞추기 위해 진행된 구조조정이라고 볼 수 있다. 나는 이 점에 많이 실망했다. 회사는 당해 사업을 못하였거나 적자 손익의 영향을 미친 부서를 기준으로 정리하는 것이 옳다고 생각한다. 하지만 현실은 그렇지 않다. 정작 그 책임에 크게 영향을 미쳤던 사람들은 지금도 남아있다. 그 사람들은 회사 내부에서 기득권 세력이다. 기득권 세력은 한번 잡은 권력을 놓기 싫어한다. 그건 뉴스에서 많이 보았을 것이다.

회사도 마찬가지로 부익부빈익빈 현상이 일어난다. 권력이든 재력이든 가진 사람들이 더 가지려고 노력한다. 그래서 내부 영업을 잘해야 한다는 얘기가 나온다. 회사도 정치를 잘해야 한다. 나만 잘한다고 승승장구하는 것이 아니다. 나를 이끌어주는 선임들이 잘해야 한다. 우리가 흔히 알듯 줄을 잘 서야 한다. 이 줄이 썩은 동아줄이면 내가 아무리 잘해도 클 수가 없다. 이것이 현실이다. 회사는 많은 부분에서 개인에게 불안감을 느끼게 한다. 그것을 가장 많이 느끼게 하는 부분이 바로 경쟁관계 조성이다.

내가 다녔던 회사를 예로 들어 보면 이렇다. 내가 다녔던 회사는 여러 개의 사업부로 나뉘어져 있다. 여기서 2개의 큰 사업부가 경쟁 관계다. 이 2개의 사업부는 해마다 실적이 앞서거니 뒤서거니 한다. 편의상 A, B사업부라 하겠다. A사업부와 B사업부 둘 중 한 사업부만 잘되어도 회사는 성장한다. 그리고 실적이 좋은 사업부를 격려하고, 실적이 좋지 않는 사업부에게 경각심을 준다. 이러한 차이는 연말 상여금 혹은 연봉을 통해 드러난다. 실질적으로 회사가 성장할 때에는 이 방법이 효과적이다. 그러나 회사가 성장하지 못할 때에는 문제가 심각해진다. A사업부와 B사업부 중 실적이 좋지 못한 사업부는 상대적으로 불안하다. 이러한 불안감은 연말에 나타난다.

연말이 되면 실적이 좋지 못한 사업부는 한 푼이라도 더 벌기 위해 안간힘을 쓴다. 하지만 실적이라는 것은 단기간에 쉽게 증가되지 않는다. 그러면 주변에서 소문이 돈다. 그리고 실적이 좋지 못한 사업부의 직원들은 불안하다. 모든 소문에 내가 해당될 것 같은 생각이 든다. 그럴수록 일은 더 손에 잡히지 않는다.

소문은 점점 현실이 되어간다. 그러면 각 팀의 팀장들 간에 눈치 싸움이 시작된다. 우리 팀에 있는 직원이 손해 보지 않도록 처신을 잘해야 한다. 근태 관리는 더 철저해지고, 업무는 더 소극적으로 진행하게 된다. 괜히 도전적으로 진행했다가 시범케이스로 징계받는 경우를 방지하기 위해서다. 그리고 팀원들 간의 눈치도 심해진다. 괜히 팀장님 눈 밖에 나는 행동을 했다가 집에 가는 경우가 생긴다. 이렇듯 회사가 어려워지면 사업부와 팀, 그리고 개인들까지 눈치를 보며 불안해한다.

구조조정이나 연봉 동결 등의 폭풍이 지나가고 나면 회사는 살아남은 사람들에게 다시 의기투합하여 업무에 매진할 것을 요구한다. 연초 의기투합을 빌미로 회식이 많은 이유가 여기에 있다. 하지만 한번 생긴 불안은 쉽게 가라앉지 않는다.

남아있는 사람들은 이런 불안을 해소하기 위해 각자 자신만의 생존 전략을 짠다. 그러나 이런 생존 전략은 그냥 전략으로 그치는 경우가 많다.

일반적으로 직장인들은 회사 밖이 전쟁터라고 말한다. 그래서 회사를 나가거나 이런 생존 전략이 틀리면 어떡할지에 대한 걱정과 막연한 두려움이 앞선다. 결국 이 생존 전략은 실천으로 이어지지 않는다.

베스트셀러 작가이자 사회비평가로 유명한 테일러 클락 (Taylor Clark)의 저서 『너브(NERVE)』에서 이런 두려움에 대한 대처 방법을 다음과 같이 설명하고 있다.

"두려움에 잘 대처하는 능력은 두려움을 느끼는지 '여부'가 아니라 두려움과 어떤 '관계'를 맺느냐다. 결국 두려움이야말로 가장 중요한 '용기'다. 다시 말해 두려움에 마음을 열고, 두려움과 함께 노력하고, 감정과 상관없이 옳은 일을 해내는 '용기'다. 두려움을 이기는 강심장의 비밀을 알게 된다면, 꼭 대단한 상황에서 영웅과 같은 용기를 증명하지 않아도 누구나 불안과 스트레스에 대처하는 방식에서 큰 발전을 이룰 수 있다. 우리가 세상을 구할 일은 없어도 자기 자신은 구할 수 있을 것이다."

이직을 한 번이라도 해보았던 사람을 만나면 종종 이런 말을 듣는다.

"내가 왜 이 회사에 그토록 목을 매었는지 모르겠다. 실제로 회사를 나가보면 더 좋은 곳도 많고 할 수 있는 일도 다양하다."

사실 그렇다. 사회 경력이 5년 이상 되었다면 크게 걱정하지 않아도 된다. 한번 회사를 옮겨본 경험이 있는 사람은 이런 두려움에 대한 대처 방법을 알고 있다. 두려움에 대한 대처 방법을 터득한 사람은 어려운 시기가 닥치더라도 자신만의 방법으로 잘 해결해나갈 수 있다.

내가 지금 다니는 회사가 평생직장이거나 내가 하는 일이 평생 직업이 될 것이라고 생각할 수 있다. 나도 평생직장은 아니지만 평생 직업을 꿈꾸며 살았다. 엔지니어로 시작하여 영업을 거쳐 사장이 되는 것이 꿈이었다. 중소기업에서는 아주 불가능한 일도 아니었다. 사장이 되면 권력과 부를 동시에 얻을 수 있다고 생각했다. 하지만 그것뿐이었다.

진정으로 내가 원하는 꿈은 사장이 아니라는 것을 10년이 지난 후에야 알게 되었다. 사장이 되면 권력과 부를 얻을 수 있을지 모르지만, 내 자신의 삶은 잃어버릴 것 같았다. 나에게 사장이라는 꿈은 부모님과 가족을 위해 중요했다. 하지만 인생의 반환점을 돈 이 시점에 선택을 해야만 했다. 계속 불안한 삶을 살 것인가? 아니면 가슴 뛰는 두려운 삶을 살 것인가? 결국 가슴 뛰는 두려운 삶을 선택했다.

이 선택이 앞으로 행복을 줄지 불행을 줄지 알 수 없지만,

적어도 불행에서 내 자신을 구할 수 있는 방법은 알게 해줄
것이라 생각한다.

5
두려움의 재발견

〰️.〰️

내가 과장 2년차 때 일이다. 나와 대리 두 명은 제안팀을 구성하여 A프로젝트의 입찰을 준비하게 되었다. 우리와 함께할 협력 업체 구성도 완료된 상태였다. 우리 팀장님은 다른 프로젝트의 입찰 준비 때문에 부득이 A프로젝트 입찰은 내가 PM(Project Manager)을 맡게 되었다.

우리 제안팀은 차근차근 입찰을 준비했다. 입찰에서 가장 중요한 요소 중 하나가 바로 원가 산정이다. 원가를 잘 산정하여야 프로젝트 수주 시 이익을 극대화할 수 있다. 그리고 원가 보고를 통과해야 입찰도 진행할 수 있다. 우리는 1차 원가 보고를 준비하였다. 1차 원가 산정 결과 10% 정도의 적자가 예상되었다. 일반적으로 1차 원가 산정 시 남는 이익은 없더라도 최소한 적자는 없도록 만들어야 한다. 왜냐하면 적자가 예상되는 프로젝트를 승인할 결정권자는 없기 때문이다.

1차 원가 보고는 영업팀장님과 제안팀이 본부장님께 보고한다. 영업팀장님은 적자가 예상되지만, 최대한 노력하여 적자는 발생하지 않도록 하겠다고 보고하였다. 하지만 본부장님은 승인하지 않으셨다. 이유는 이랬다.

"이번 프로젝트가 신규 사업이기 때문에 실제 수행할 때에는 위험 비용도 포함되어 있어야 적어도 적자는 면할 수 있다. 지금부터 적자를 감안하고 준비하면 위험은 너무 크다. 5% 정도의 이익이 남도록 준비가 된다면 입찰에 참여하고, 아니면 포기해라."

영업팀장님은 5%의 이익을 남기기 위해 15% 정도의 원가를 절감하느냐와 입찰을 포기하느냐의 선택을 그 자리에서 결정해야만 했다. 영업팀장님은 입찰에 꼭 참여하고 싶어 했다. 본인이 오랫동안 공들인 프로젝트이면서 이번 사업을 수주하게 되면 신규 시장에 진입할 수 있기 때문이다. 이러한 사실을 본부장님도 모르는 바 아니었지만, 위험에 대한 책임이 너무 크기 때문에 그 결정을 영업팀장에게 맡겼다.

영업팀장님은 망설였다. 선뜻 결정을 내리기가 힘들었을 것이다. 잘못하면 자신이 쌓은 커리어가 한방에 무너질지도 모른다. 그리고 무엇보다 두려운 것은 원가 산정을 직접 하지 않기 때문에 자신이 없었던 것이다. 원가를 산정하는 제안팀에서 할 수 있다는 의지를 보여주면 이 프로젝트는 진행이 된다. 하지만 대부분의 팀은 위험을 떠안기 싫어한다. 내가 제안팀 PM이기 때문에 영업팀장님께 힘을 줘야 한다. 하지만 무리하게 진행하면 나를 포함한 제안팀이 다치게 된다. 나로서도 쉽지 않은 결정이었다.

나는 영업팀장님께 제안팀이 어떻게든 해볼 테니 진행하자고 말씀드렸다. 그리고 많은 동료 직원들과 협력 업체에게 도움을 요청하였다. 다행히 다들 쉽지 않은 결정에도 도와주겠다고 하였다. 그 덕분에 이 프로젝트는 다시 진행할 수 있게 되었고, 마침내 우리 회사가 수주하게 되는 좋은 결과도 얻었다. 지금은 이 프로젝트가 완료되었다. 이 프로젝트가 적자가 났을까? 그렇지 않다. 제안팀과 실제 수행하는 기술팀의 노력으로 이 프로젝트는 5%의 흑자로 완료되었다.

우리가 이와 같은 어려운 결정을 할 때 생기는 감정이 불안과 두려움이다. 불안은 앞으로 일어날 일에 대해 걱정할 때 생기는 감정이고, 두려움은 새로운 일이나 도전을 시작하려고 할 때 생기는 감정이다. 프로젝트가 적자를 내지 않을까 하는 걱정은 불안이고, 프로젝트를 흑자로 만들 수 있을까 하는 마음은 두려움이다. 비슷하다고 생각할 수 있지만, 다른 감정이다. 불안은 아직 일어나지 않은 일을 미리부터 걱정하는 부정적 감정이고, 두려움은 지금 하고자 하는 것이 앞으로 어떻게 변할지에 대한 긍정적 감정이다.

UCLA 의과대학에 재직 중인 임상심리학자 로버트 마우어 교수는 『두려움의 재발견』에서 두려움에 대해 이렇게 얘기했다.

"두려움을 극복한다는 것은 두려움을 인지하고, 두려움을 스트레스나 불안이나 걱정이 아닌 두려움이라 인정하는 것이다.

두려움에 대한 우리의 반응을 인지하고, 기꺼이 도움을 구하는 의지를 발휘하는 것이다. 삶의 모든 분야, 즉 일, 건강, 관계 등에서 우리가 바라는 성공을 얻고 유지하려면 바로 이렇게 해야 한다. 올바른 도움을 요청하는 법을 익히고 같은 방법으로 타인을 도와야 한다."

혹시 프로젝트가 적자가 되지 않을까 하는 불안을 인지하고, 스트레스나 걱정이 아닌 두려움 그 자체로 인정하자. 그리고 그 두려움에 대해 기꺼이 주변에 도움을 구하는 의지를 발휘하자. 내가 영업팀장님에게 프로젝트를 진행하자고 제안하고, 많은 동료 직원들과 협력 업체에게 도움을 요청한 것이 두려움을 극복할 수 있는 성공 요인이었다고 생각한다.

부디 직장 생활을 하는 동안 두려움이 많이 생기도록 훈련해보기를 권한다. 그리고 그 두려움에 대해 인지하고 인정하는 훈련과 기꺼이 도움을 구하는 훈련도 많이 해야 한다. 이러한 훈련은 쉽게 경험해보기 어렵고, 나중에 이러한 훈련들이 분명 세상 밖으로의 도전에 많은 도움이 될 것이다.

두려움은 모두에게 존재한다. 직장 생활을 하면서 항상 안정적일 수는 없다. 언젠가는 두려움과 마주해야 할 순간이 온다. 이 순간이 왔을 때 우리는 두려움을 슬기롭게 헤쳐나갈 수 있는 지혜를 직장에서 많이 습득해두자. 그러면 세상 밖으로의 도전이 두려움이 아닌 설렘으로 다가올 것이다.

6
혼자 있는 시간은 두렵다

〜〜.〜〜

내가 직장을 그만두고 가장 먼저 해야만 했던 일은 혼자 있는 시간과 익숙해지는 것이다. 직장을 다닐 때는 매일이 사람과의 만남이다. 아침에 출근하면 직장 동료들과의 만남부터 고객과의 만남, 협력 업체 담당자와의 만남 등 많은 만남이 나를 기다리고 있었다. 영업이라는 업무 특성상 사람과의 만남이 없는 경우는 업무를 끝내고 다른 장소로 이동하는 시간뿐이었다. 이 시간마저 동행인이 있는 경우도 많았다.

우리는 이런 만남에 익숙해져 있다. 이런 만남을 통해 내가 살아있고, 이 사회의 구성원임을 확인받게 되기 때문이다. 이런 현상은 여성보다 남성에게 뚜렷하게 나타난다. 대한민국 남자들은 태어나면서부터 사회 구성원으로 자리 잡는 법을 자연스럽게 몸으로 익힌다. 대한민국 남자들이 누구나 가지고 있는 것 중의 하나가 '불알친구'이다. 사회생활을 하면서 불알친구를 오랫동안 못 만나는 경우는 있어도 불알친구가 없는 경우는 드물다. 불알친구가 없다고 하면 이상한 사람으로 취급받기도 한다.

대한민국 남자는 불알친구를 시작으로 학교 친구, 군대 동기, 직장 동료 등 다양한 관계를 형성한다. 아마 노년을 제외하고 혼자 있는 시간이 거의 없다고 생각한다. 그래서 대부분의 사람들이 혼자 있는 시간을 두려워한다. 왜냐하면 이러한 다양한 관계 속에서 자신은 소외되었다고 생각하기 때문이다.

특히 직장인이 되면 이러한 관계는 절정에 이른다. 평소 친구가 없는 사람도 직장을 다니게 되면 자연스럽게 많은 관계를 맺게 된다. 그것은 자신의 의지와는 상관없이 업무를 위해 맺는 관계가 많아지기 때문이다. 이렇게 직장에서 많은 관계를 맺고 지내다 사직하게 되면 가장 먼저 겪는 어려움이 혼자 있는 시간과 익숙해져야만 하는 것이다.

내가 고등학교 3학년 때 수능을 마치고 주유소에서 아르바이트를 한 적이 있었다. 그때 나와 비슷한 시기에 아르바이트를 시작한 한 아저씨가 있었다. 그분은 직장을 다니시다가 정년퇴임 하신 분이었다. 그 아저씨는 집에 혼자 있는 시간이 싫어 아르바이트를 시작하셨다. 공사장 같은 일용직 노동도 알아보았지만 나이가 많아 써주지 않았던 모양이었다. 그래서 처음에는 아파트 경비원을 하셨다고 했다. 아파트 경비원은 편하지만 혼자 있는 시간이 많았을 것이다. 자연스럽게 생각하는 시간이 많았다고 하셨다. 그리고 많은 생각 때문에 우울증도 겪었다고 말씀하셨다. 그래서 그만두셨다고 했다.

그분은 불과 몇 년 전까지만 해도 주변에 사람이 끊이지 않았다고 말씀하셨다. 회사에서 나름 잘나가던 분이었기에 같은 회사 직원들과 협력 업체 사람들, 그리고 지인들이 항상 주변에 있었다고 하셨다. 그때는 정말 잘나가셨다고 하면서 자랑하곤 하셨다. 하지만 지금은 가끔 친구나 옛 직장 동료들만 찾아올 뿐 찾아주는 사람이 별로 없다며 신세 한탄을 하시곤 했다. 그래서 지금은 혼자 있는 시간이 너무 싫어서 주유소 아르바이트를 시작하게 되었고, 직장도 다시 생기고 무엇보다 사람들과 같이 있어서 좋다고 늘 웃으며 말씀하셨다.

지금 생각해보면 그 아저씨는 혼자 있는 시간을 극도로 싫어했던 것 같다. 60년 동안 항상 사람들과 부딪히며 살아왔을 것이다. 자신이 혼자 있는 시간을 이용하는 법을 익히지 못했을 것이다. 어쩌면 혼자 있는 시간이 올 수 있다는 인지를 못 했을 수도 있다.

직장인이라면 누구나 혼자 있는 시간이 온다. 언제까지 회사를 다닐 수 없다. 때가 되면 나가야 한다. 정년을 채우고 나가거나 중간에 나갈 것이다. 중간에 나가는 경우 다른 회사로 이직 하면 된다. 이때 잠깐의 혼자 있는 시간은 재충전의 시간이라고 느낀다. 하지만 정년을 채우고 나가는 경우 혼자 있는 시간은 재충전의 시간이 아니다. 익숙해져야 하는 일상이다. 이때를 대비하여 혼자 있는 시간을 알차게 보낼 수 있는 방법을 익혀야 한다. 인생 2막을 살아갈 준비를 해야 한다.

직장인이 직장을 다니다가 다른 분야로 도전하거나 정년이 지나 인생 2막 도전을 어렵게 느끼는 이유는 경제적인 이유도 있지만, 이러한 사회적 유대 관계 속에서 소외되는 것이 두렵기 때문이기도 하다. 실제로 이러한 소외감은 사람마다 차이는 있겠지만, 회사를 그만두고 대략 2~3개월 후쯤 느끼게 된다. 나는 회사를 그만두고 2개월이 지나 차츰 느끼기 시작했다. 회사를 그만두고 2개월 동안은 회사의 스트레스와 굴레에서 벗어났다는 자유를 마음껏 즐겼다. 우선 10년 동안 매일 했던 출근을 하지 않아도 되는 자유가 생겼다. 하지만 이것은 곧 자유에서 불안으로 바뀌게 된다.

아침에 딸을 어린이집 버스에 태워주기 위해 밖으로 나가면 많은 사람들이 어디론가 바쁘게 움직이는 것이 보인다. 그 사람들은 소속과 목적지가 있을 것이다. 그러나 나는 소속도 없고 목적지도 없다. 그냥 내가 가고 싶고 하고 싶은 대로 하면 된다. 자유가 생겼다. 하지만 이 자유는 일을 하고 돈을 벌어야 한다는 생각에서 자유롭지 못한 자유다. 소속이 없다는 불안감에서도 자유롭지 못하다.

나는 집이나 도서관에서 일을 한다. 집이나 도서관을 가면 철저히 혼자다. 지금은 혼자 있는 시간에 적응중이다. 30년 이상을 특정 집단에 속해 사람들과 같이 지내며 살았다. 10대와 20대 시절에는 학교와 군대에 소속되어 있었고, 30대 시절은 회사에 소속되어 있었다. 하지만 이제는 혼자서 준비하고 혼자서 결정한다. 지금도 혼자 있는 시간에 익숙해지기 위해 사투를 벌이고 있다.

일본 메이지대학교 교수이자 최고의 교육전문가인 사이토 다카시는 『혼자 있는 시간의 힘』에서 이렇게 말했다.

"스스로에게 기대하는 힘, 나는 이것을 '자기력(自期力)'이라고 부른다. …(중략)… 흥미롭게도 자기력 에너지가 높은 사람끼리는 서로 위화감을 느끼지 않는다. 이런 집단은 적당히 어우러져 있는 집단과 확연히 분위기가 다르다. 적당히 어우러져 있는 집단은 말하자면 일종의 담합 상태다. '이 정도의 나에게 만족한다.'는 안도감이 생겨 서로에게 '좋아', '괜찮아'라고 하면서 스스로에 대한 입찰 가격을 낮게 책정한 채 마음을 놓는다. 하지만 자신에 대한 기대가 높은 단독자는 담합으로 자신의 입찰 가격을 낮게 책정하지 않는다. 아주 높게 책정한다. 그래서 높은 기대치에 대한 엄청난 부담감을 느끼는 동시에 그 기대치를 충족시키기 위해 힘을 길러야 한다고 생각한다."

내가 그동안 몸담았던 집단은 일종의 담합 상태였다. 특히 회사는 더 그렇다고 생각한다. 처음 입사했던 신입 사원 시절에는 잘하고자 하는 의욕과 투지가 넘쳤다. 하지만 대리를 지나 과장, 차장 등의 직급이 올라갈수록 안도감이 생긴다. 적당히 어우러져 있는 회사라는 집단은 정기적으로 이러한 담합 상태를 유지하기 위해 회식을 한다. 우리는 이러한 회식자리에서 서로에게 더 좋지도 더 나쁘지도 않는 담합 상태를 확인하곤 한다. 그러면서 스스로에게 잘하고 있다는 자기합리화와 다른 사람들과의 동질감을 확인하게 되고 이러한 담합의 상태를 유지하고자 노력한다. 이러한 담합 상태는 자신의 가치나 기대치를 높이고자 노력하는 행위에 제한을 줄 수밖에 없다.

또한 이 담합 상태는 영원하지도 않다. 특정 직급 이상이 되면 깨져버린다. 회사는 직급이 올라갈 수 있는 인원에 한계를 둔다. 즉, 내가 아니면 상대방이 올라가야만 하는 구조를 갖고 있다. 그때가 되면 더 이상 담합 상태는 의미가 없어진다. '그때 가서 어떻게 되겠지'라고 생각하는 사람도 있을 것이다. 그때가 되면 당신은 승자가 되거나 패자가 되어있을 것이다. 승자가 되어도 혼자이고 패자가 되어도 혼자일 것이다. 승자는 무리 안에서 혼자이고, 패자는 무리 밖에서 혼자이다. 어떤 상황이 되건 결국 혼자 있는 시간에 적응할 준비를 미리 하는 것이 좋다.

진정한 자유는 혼자 있는 시간을 잘 이용하는 것에서부터 시작된다고 생각한다. 우리는 제한된 시간 속에서 살아간다. 제한된 시간 속에서 얼마만큼의 진정한 자유를 누리며 사느냐가 삶의 질을 결정한다.

오랜 시간 진정한 자유를 누리며 살고 싶다면 지금부터 혼자 있는 시간을 어떻게 보낼지 고민해보길 바란다.

7
조바심 내지 않는 비법

우리가 새로운 목표를 향해 도전을 결심하고, 추진할 때 가장 경계해야 하는 것 중의 하나가 조바심이다. 사람들은 모든 일에서 빠른 결과를 얻길 원한다. 그 일이 내가 익숙한 일이든 새로운 일이든 상관없이 빠른 결과를 얻길 원한다. 내가 투입한 노력이 크면 클수록 더욱더 그렇다.

우리가 조바심을 내는 이유는 무엇일까? 나는 가장 큰 이유가 타인의 시선에 대한 의식과 경제적인 문제라고 생각한다.

사실 타인의 시선은 조바심의 근본 원인이 될 수 없지만, 내가 느끼는 타인의 시선에 대한 의식 때문에 우리는 조바심을 느끼게 된다.

실제 우리가 어떤 일을 이루려고 할 때 주변 사람들의 도움을 받는 경우가 많다. 우리에게 도움을 준 사람들의 대부분은 그 일이 잘되고 있는지 확인하는 경향이 있다. 그들이 확인하는 행위는 좋은 취지에서 이루어졌다 하더라도 나에게는 조바심을 일으키는 원인이 된다. 따라서 도움을 요청하고 받는 행위는 좋으나 도움을 받은 사람과의 일정한 거리를 유지하는 노력이 필요하다.

경제적인 문제도 조바심을 유발하는 큰 원인이 된다. 처음에는 큰 결심을 하고 도전했던 일도 차츰 경제적인 압박을 받게 되면 빨리 성공하기 위해 조바심을 느끼게 된다.

사실 경제적인 이유의 조바심도 타인과의 관계에서 비롯된다. 같은 또래의 친구들은 차곡차곡 돈을 모아 결혼도 하고 차도 사고 집도 산다. 그러나 자신은 몇 년 동안 경제적으로 제자리걸음이거나 퇴보하고 있다면 자연스럽게 조바심이 생겨나게 된다.

그러면 우리는 이러한 조바심을 해결하기 위해 어떠한 노력을 해야 하는가?

영국의 인성 계발 분야에서 주목받는 전문 작가 톰 버틀러 보던은 저서 『당신은 왜 조바심을 내는가』에서 조바심에 관해 이렇게 말했다.

"이 책에서 나는 두 가지 사실에 주목하도록 노력했다. 하나는, 우리가 이루려고 하는 것은 예상하는 것보다 한층 오래 걸린다는 사실이다. 또 하나는, 우리는 더 길게, 건강하게 살게 되었다는 사실이다. …(중략)… 어떤 일을 완벽하게 하는 데 얼마나 걸리는지와 그 노력에 우리가 들일 수 있는 시간이 얼마나 되는지를 이해하는 것은 성공을 위해 무엇이 필요한지를 깨닫는 기본이다. 대개의 사람들이 시간에 대해 갖는 심리적 이미지는 두려움에서 비롯되게 마련이지만, 시간을 장애물이 아닌 도움의 관점에서 본다면 속도에 집착하는 이 사회에서 우리는 스스로에게 특별한 이점을 부여할 수 있다. 자기 계발 분야에서는 진정한 성취를 이루는 데 얼마나 걸리는지에 대한 이야기는 하려 들지 않는다. 그러나 우리의 결단과 행동이 단순한 바람이 아니라 절실한 경우에는 성공과 관련한 시간의 척도를 정확하게 안다면 실제로 이루어질 확률도 훨씬 높아진다."

톰 버틀러 보던이 말했던 바와 같이 우리는 이루려고 하는 일이 예상하는 것보다 한층 오래 걸린다는 것을 알고 있다. 그러나 대부분의 경우 우리가 알고 있는 그 예상 시간보다 더 앞당겨 이루어지기를 바라게 된다. 바로 조바심이 발동되기 때문이다.

우리는 조바심을 일으키는 원인인 타인의 시선에 대한 의식이나 경제적인 이유에 대해 톰 버틀러 보던이 주목한 두 가지 사실을 유념할 필요가 있다. 우리는 더 길고 건강하게 사는 세상에서 이루려고 하는 것을 예상하는 것보다 오래도록 지속할 수 있는 방안을 찾으면 된다.

앞서 얘기한 것처럼 인간은 사회적 동물이기 때문에 다양한 관계를 맺고 산다. 그래서 혼자 있는 시간을 불안해한다고 설명하였다. 혼자 있는 시간이 불안해서 함께 있는 시간을 늘리게 되면 불안은 줄어들지만 조바심은 늘어날 가능성이 높아진다.

우리가 무엇인가 도전을 하고자 한다면 혼자 있는 시간과 함께 있는 시간을 적절히 분배할 줄 알아야 한다. 이 두 가지 유형의 시간을 어떻게 분배하느냐가 결국 우리가 이루려고 하는 것을 오래도록 지속할 수 있는 방안이다.

이 두 가지 유형의 시간 중 어떤 유형의 시간을 더 많이 가져야 한다는 법칙은 없다. 하지만 기준을 세워놓으면 적절히 분배할 수 있을 것이다. 그 기준은 바로 내 마음의 상태다.

불안과 마찬가지로 조바심도 내 마음의 상태를 잘 관찰하여야 한다. 내 마음의 상태가 한쪽으로 치우치는 것을 막아야 한다. 우리는 일반적으로 혼자 있는 시간을 늘리게 되면 함께 있는 시간을 그리워하게 된다. 반대로 함께 있는 시간을 늘리게 되면 혼자 있는 시간을 갖고 싶어 한다.

왜 그럴까? 우리 몸과 마음은 항상 균형을 원하고 있다. 더운 여름이 지속되면 추운 겨울을 그리워하고, 추운 겨울이 지속되면 더운 여름을 그리워하는 것과 같은 이치다. 한쪽으로 너무 많은 몸과 마음을 쓰게 되면 반대쪽에 강한 욕구가 생겨나게 된다. 그러나 한쪽에 너무 집중하여 반대쪽에 욕구를 강하게 불러오는 것은 바람직하지 못하다. 평소에 적절한 균형점을 찾아가기 위한 노력이 반드시 필요하다.

그러면 혼자 있는 시간과 함께 있는 시간을 어떻게 배분하는 것이 적절한 균형을 찾아가는 것일까? 그 균형은 바로 불안과 조바심의 균형이다. 내 마음의 상태가 불안하다면 함께 있는 시간을 좀 더 늘리는 것이 좋고, 조바심이 든다면 혼자 있는 시간을 늘리는 것이 좋다. 그러기 위해 우리는 항상 내 마음의 상태를 관찰하는 자세가 필요하다.

인생을 길게 살아가고 싶다면 내 마음의 상태를 주기적으로 관찰하자. 우리는 이미 불안과 조바심으로 가득한 세상에 살고 있다. 내 옆에 있는 상사나 부하 직원 모두 불안과 조바심을 가지고 살아가고 있다. 현실에 안주해도 불안과 조바심이 생겨나게 되어 있고, 도전적인 삶을 살아도 불안과 조바심이 생겨나게 되어 있다.

불안과 조바심을 같이 살아가야 하는 존재로 받아들이고, 긍정적인 방향의 불안과 조바심이 생겨나도록 삶을 변화시켜보자. 현실에 안주하여 언제 잘릴지 모르는 불안과 빨리 높은 곳에 올라가야 한다는 조바심을 가지는 것보다 인생 2막의 도전에 대한 불안과 조바심을 키우는 편이 더 낫다는 얘기다. 그리고 이러한 긍정적인 방향의 불안과 조바심은 또 다른 도전을 하게 되었을 때 당신에게 큰 도움이 되어줄 것이다.

8
믿지 않는 사람들

〰️.〰️

퇴사하는 날 짐 정리를 마치고 그동안 정들었던 사람들을 한 분 한 분 만나며 인사를 나누었다. 만나는 사람들마다 공통적인 질문이 있었다.

"어디 좋은 데 가는 거야?"

사람들은 내가 다른 회사로 이직하는 줄 알고 있다. 몇몇 친한 동료들에게는 글을 쓸 것이라고 얘기했다. 그들은 다소 의외라는 표정이었다. 10년 동안 한 회사에서 일하면서 나름 인정도 받은 영업사원인데, 왜 그 경력을 포기하려고 하냐고 물었다. 나는 내가 하고 싶은 일이 글 쓰는 일이며 하고 싶은 일을 하고자 한다고 대답했다. 실제로 직업을 변경한 것이지 경력을 포기하는 것은 아니라고 생각했다.

내가 쓰고자 하는 내용도 직장인들에게 동기를 부여하고

자 하는 것이기 때문에 나의 경험과 경력을 포기한다고 생각
하지 않는다.

내가 퇴사하기 몇 달 전 나와 오랫동안 같이 일했던 여직
원 한 분이 먼저 퇴사하게 되었다. 나도 다른 동료들과 같은
질문을 하였다.

"어디 좋은 데 가는 거야?"

그 여직원은 자신의 경력을 살려 직장인들을 대상으로 교
육을 하는 강사가 되는 것이 꿈이라고 하였다. 나는 진심으
로 잘되기를 바란다고 말해주었고, 덧붙여 책을 쓰라고 권유
하였다. 책을 쓰게 되면 당신이 바라는 강사의 꿈이 조금 더
빨리 이루어질 것이라고 조언해주었다.

그 여직원은 의외라면서 그런 길이 있는지 몰랐다고 말했
다. 사실 나도 도전하기 전이라 확신을 가질 수는 없으나 좋
은 길이라고 생각하여 권유하였다. 그 여직원은 고맙다고 하
였다. 그런데 대화를 해보면 느낌이라는 것이 있다. 그 여직
원은 자신의 꿈에 대해 확고한 생각이 있어 보였다. 내가 말
한 내용은 참고 정도만 하려는 듯했다.

선택은 그분의 몫이다. 그래도 그 여직원에게 말한 것은
잘했다고 생각한다. 나중에 그분이 책에 대한 길을 알게 되

었을 때 나의 조언이 그분의 삶에 조금은 보탬이 될 것이다. 사람들은 자신이 보거나 겪지 않은 일들은 잘 믿지 않는다. 아무리 친한 사람의 조언이라 할지라도 검증을 통해 보이게 되면 그제야 믿게 된다.

내 주변의 사람들이 모두 그랬다. 하지만 그건 그렇게 중요하지 않다고 생각했다. 그래서 지금은 내가 직접 책을 쓰고, 변화되는 모습을 보여주는 것이 가장 확실한 조언이라고 생각한다.

동기부여와 마케팅 분야에서 세계 최고의 트레이너로 손꼽히는 브랜든 버처드는 『두려움이 인생을 결정하게 하지 마라』에서 나의 선택에 이와 같이 반응하는 사람들을 '걱정맨'이라고 하였다.

"걱정맨들은 공포의 불을 지피게 하는 위험한 존재가 될 수 있다. 우리의 의욕과 운명을 도적질할 수도 있다. 그도 그럴 것이 그들은 우리의 친구처럼 보이기 때문이다. 너무도 가깝게 지내다 보니 그들의 근심의 피가 우리를 적셔버린다. …(중략)… 왜 너무 시끄럽게 굴면 안 되고, 너무 미치면 안 되고, 너무 열심히 열정을 쫓아 살면 안 되는지, 또는 왜 미지의 세계를 향해 훌쩍 도약하고 첨벙 뛰어들면 안 되는지 그 이유를 그럴싸하게 지어내는 재능이 있는 사람들은 어디에

나 있다. 이들은 차분하고 확신에 찬 사람들이다. 우리가 창의적이고 과감하게 무언가를 하려고 할 때 우리가 어떻게 상처 입고 난처해지고 지치게 될지 현실적인 설명을 늘어놓은 사람들이다."

내 주변도 마찬가지로 걱정맨들이 많다. 이 걱정맨들의 얘기를 너무 들을 필요는 없다. 선택은 내가 한다. 그리고 그 선택에 대한 책임과 위험 등은 모두 내가 가지고 가야 한다.

지금 이 글을 읽고 있는 당신도 같은 생각일 수 있다. 선택은 당신의 몫이다. 어떤 선택을 하더라도 당신이 하는 선택이 가장 옳다. 하지만 그 선택을 위해 다양한 길을 경험할 필요가 있다. 직장을 다니며 다양한 경험을 하기란 여간 어려운 일이 아니다. 그 다양한 경험을 위한 방법으로 독서가 좋은 대안이 될 수 있다고 확신한다.

유명한 사람을 만나 얘기해볼 수 있는 경험을 하기란 어렵다. 아니 현실적으로 불가능할 수도 있다. 혹시 그 유명한 분이 시간을 내어 만나준다 하더라도 무슨 얘기를 할 것인지, 무엇을 물어봐야 하는지 등 사전 준비도 무척 어렵다. 하지만 그분들이 쓴 책을 읽으면 그분들의 삶과 생각을 간접적으로 경험해볼 수 있다.

책은 저자와 독자의 대화다.

책을 읽을 때 저자와 독자는 한 공간에 있게 된다. 한 권의 책을 읽어봐도 그런 경험을 쉽게 할 수 있다.

그럼 어떤 책을 읽어야 좋은지 의문을 가지게 될 것이다. 어떤 책이든 좋지만, 기왕이면 저자가 직접 경험하고 느낀 내용을 쓴 책이 좋다고 생각한다. 직장인이면 직장과 관련된 저자의 경험담이 담긴 책이면 적당할 것 같다.

저자의 경험담이 담긴 책을 읽으면 독자는 저자와 한 공간에서 직접 대화하는 느낌을 받으며 감정을 전달받게 된다. 하지만 창작문학을 읽으면 우리는 영화를 보는 것과 같은 느낌이 들기 때문에 감정을 전달받기가 쉽지 않다. 우리가 영화를 볼 때 시나리오를 쓴 작가나 감독의 의도는 알 수 있지만, 그분들과 직접적으로 대화한다고 느끼지 않는 것과 같은 맥락이라고 보면 된다. 영화라는 매개체를 통해 간접적으로 의도를 전달받기 때문에 직접적인 감정을 느끼기 어려운 것이다. 하지만 저자의 경험담이 담긴 책을 읽으면 저자가 나에게 직접적으로 설명하기 때문에 우리는 그것을 쉽게 받아들이게 된다. 그래서 그런 독서를 권유하는 것이다.

책에서 만나는 한 사람 한 사람이 모두 유명한 교수이고,

박사이고, 전문가들이다. 당신을 믿지 않거나 걱정해주는 걱정맨들로 인해 불안해할 필요 없다. 브랜든 버처드는 이 불안함을 깨뜨리는 방법에 대해 "의심하고 뒤집어라. 잠시만 숙고할 시간을 갖는다면 과거에 더 어려운 일도 겪고 배우고 견뎌냈음이 기억나고 지금 눈앞의 일도 충분히 견디고 이겨낼 수 있을 것임을 깨닫게 될 것이다."라고 했다.

생각해보면 고등학교 입학하던 날, 처음 아르바이트 하러 가던 날, 군대 입소하던 날, 회사 입사하던 날 등 불안하고 두려운 날들이 많았다. 우리는 이때마다 잘 견뎌냈음을 기억하고 지금 눈앞의 도전도 충분히 견디고 이겨낼 수 있음을 깨달으면 좋겠다.

3장
일과 돈으로부터 자유로울 수 있다

내가 직장을 그만두고 가장 좋았던 것은 나와 관련된 것들이 자세히 보이기 시작했다는 점이다. 딸아이가 무엇을 좋아하는지, 아내가 무엇을 바라고 있는지, 직장 상사가 왜 그래야만 했는지, 직장 동료가 왜 힘들어했는지 등등. 내 마음을 챙길 여유가 생기니까 보이지 않는 것들이 보이기 시작했다.

1
일이 나를 아프게 할 때 기대치를 낮춰라

≈.≈

내가 막 영업을 시작하겠다는 마음을 먹었을 때 일이다. 지난 8년 동안 시스템 설계를 하면서 다양한 경험과 고객들을 만났고, 나름의 영역을 잘 구축했다고 생각했다. 그래서 이제는 본격적으로 기술영업을 시작하여 나만의 성과를 내고 싶었다. 그때는 일에 대해 자신감이 충만했다.

나에게는 두 가지의 길이 있었다. 하나는 현재 영업을 진행하고 있는 영업팀장님 밑에서 기존 사업을 좀 더 확장하는 길이고, 또 하나는 신규 사업을 맡아서 키우는 길이었다. 전자는 기존 영업팀장님과 함께 일하는 것이어서 상대적으로 수월하고 어느 정도의 성과도 보장되는 장점이 있지만, 나 자신이 성장하는 데 한계가 있다는 단점이 있다. 그리고 후자는 도와주는 사람이 없기 때문에 일이 어렵고 잘못하면 비난의 대상이 될 수도 있다는 단점이 있지만, 나 자신이 배우고 성장할 수 있는 좋은 계기가 되며 잘되었을 때 큰 보상이 따를 수 있다는 장점이 있다.

나는 윗분들과 상담하고 고민한 끝에 후자를 택하였다. 후자는 힘들지만 성취감이 크고, 무엇보다 지금 영업을 막 시작하는 단계이기 때문에 신규 사업을 의욕적으로 진행해보라는 윗분들의 제안이 있었다. 나는 그렇게 신규 사업을 활성화시키기 위해 열심히 뛰었다. 그러나 신규 시장은 생각했던 것보다 진입이 쉽지 않았다.

신규 시장은 한발 앞서 진입한 기존 세력과 신규로 진입하려는 세력이 더해지며 경쟁이 치열해졌고, 그 사이에서 경쟁력 있는 제품을 팔기란 쉽지 않았다. 그렇게 신규 시장 진입에 번번이 실패하자 나에게는 더욱더 조급함이 몰려왔다. 일은 점점 더 늘어만 갔고, 성과는 점점 더 바닥을 치고 있었다. 그런 날이 계속되었고, 나는 동료 직원들을 보기가 점점 민망해져 갔다.

주변 사람들은 나에게 신규 시장 진입은 원래 어려운 거라며 힘을 주려고 했지만, 내 마음속은 이미 패배의 그림자가 드리워진 상태였다. 급기야 사소한 일에도 짜증내기 일쑤였고, 그럴수록 나 자신이 점점 초라해져만 갔다. 지금까지 회사 생활을 하면서 이렇게 힘든 적이 없었다. 이렇게 안 풀려본 적도 없었다. 일은 하면 할수록 나를 아프게 했고, 싫어지게 만들었다. 당장 그만두고 싶었지만, 확실한 대안이 없었다. 책 쓰기에 대한 검증 작업도 아직 끝나지 않았던 시점이었다.

그때 내 마음에 조금이나마 위안이 되었던 책이 있었다. 오카다 다카시의 저서『일이 나를 아프게 할 때』였다.

도쿄대학에서 철학을 공부했지만 중퇴하고 교토대학에 다시 진학해 정신과 의사가 된 특이한 경력의 소유자 오카다 다카시는 그의 저서『일이 나를 아프게 할 때』에서 일이 나를 아프게 할 때 다음과 같이 생각하기를 권하고 있다.

"우리가 불행해지지 않기 위해서도 이분법적 사고에 빠지지 않고 적당함을 지향하는 것이 중요하다. 그런데 그렇게 하려면 어떻게 해야 할까. 가장 중요한 것은 100점이 아니라 50점 정도에서 만족하도록 마음을 먹는 것이다. 파트너나 동료와의 관계에서도 100점을 추구하면 부족한 부분만 잔뜩 눈에 들어와서 사람이 싫어지게 된다. 하지만 0인 상태와 비교하면 좋은 점도 분명 많이 보일 것이다. 50점이면 만족하 겠다고 마음먹고 있으면 60점만 나와도 굉장히 만족스럽게 느껴진다.

그것은 달리 말하면 언제든 좋은 점을 찾아보자는 것이다. 나쁜 점이 아니라 좋은 점에 자꾸 눈을 돌린다. 아무리 안 좋 은 일이라도 뭔가 좋은 점이 있을 것이라는 생각으로 매사를 본다. 그게 행복해지는 비결이 아닐까 싶다."

이 내용은 어찌 보면 당연한 내용이다. 그러나 이 책을 읽 는 사람의 상황이나 마음 상태에 따라 당연한 것이 비법이 될 수도 있다.

기대치가 올라간다는 것이 꼭 나쁜 것만은 아니다. 오히려 긍정적인 면이 더 많다. 기대치가 올라간다는 것은 스스로에 게 자신감을 갖고 있다는 증거이며 동기부여의 측면에서 긍 정적인 효과를 발휘한다고 볼 수 있다. 하지만 나의 경우 그 기대치가 과하여 반대 결과에 부딪쳤을 때 헤어 나올 수 없 는 늪지대에 빠진 것 같았다. 그 기대치를 더욱더 충족시켜 야 한다는 강박관념에서 헤어 나올 수가 없었다. 그때 당시 나에게는 기대치를 낮추는 것이 절실히 필요했다.

이 책을 읽고 머리와 가슴으로 느낀 바가 컸다. 그리고 실제로 기대치를 낮추는 마음 자세만으로도 효과는 크게 나타났다. 여전히 일은 즐겁지 않았지만, 더 이상 괴로워지는 일은 없었다. 그것만으로도 큰 위안이 되었다.

예전에 일이 나를 아프게 할 때면 고통을 잊고자 동료 직원들과 술을 마셨다. 술을 마시는 동안은 많은 부분을 잊을 수 있었다. 그리고 술을 마신 다음 날은 숙취를 이기기 위한 사투로 일에 대한 고통을 잊을 수 있었다. 일에 대한 고통을 더 큰 고통으로 잊으려 했던 것이다. 정말 어리석은 행동이지만 이 사회가 나에게 가르쳐준 방식이다. 그리고 이 방식은 의외로 많은 직장인들이 사용하고 있다.

직장인을 다룬 영화나 드라마를 보면 직장인들은 저녁에 항상 술에 취해있다. 연차가 오래될수록 직급이 높을수록 술에 취해있는 빈도는 높아진다. 이것은 일과 돈 그리고 신체의 자유를 모두 잃는 것이다. 일이 나를 아프게 한다고 해서 나를 더욱더 학대하며 살아가고 있는 것이다.

우리는 행복하게 살기 위해 직장을 다닌다. 그러나 현실은 직장이 나의 행복을 모두 빼앗아가고 있다. 학교를 마치고 구직 활동을 할 때는 직장만 들어가면 행복해질 것 같았다. 그리고 직장에 들어와서는 높은 자리에 올라갈수록 행복해질 것 같았다. 그러나 시간이 지나 직급이 높아져도 행복은 점점 더 멀어져 가고 있다. 그래도 우리는 가족의 행복을 위해 자신이 희생할 수 있다고 생각한다. 이러한 희생이 있어 가족이 행복할 수 있다고 믿었다. 그러나 이러한 행위는 희생도 아니며, 결코 가족의 행복을 가져다줄 수도 없다는 사실을 이제야 알게 되었다.

일과 돈으로부터 자유롭고 싶다면 반드시 나 자신의 자유부터 찾기 바란다. 나 자신의 자유가 나의 행복을 가져다줄 것이며, 나의 행복이 가족의 행복을 가져다줄 것이다.

2
혼자 일하는 것은 즐거운 일이다

〜❀.❀〜

내가 과장일 때 있었던 일이다. 본부장님께서 팀장님과 나를 조용히 불렀다. 어떤 공공 기관에서 설계 지원을 해달라고 의뢰가 들어왔는데, 우리가 알고 있던 시스템과는 조금 다른 시스템이라 기존 영업팀장을 붙이기는 어려운 상황이고, 설계팀 과장 정도의 직급이 적당히 지원해주었으면 한다는 것이다.

팀장님은 팀원들과 상의하였고, 그 결과 내가 지원하기로 결정했다. 영업팀장의 지원이 없는 상황이라 영업팀의 몫까지 해야 되는 부담스런 프로젝트였지만, 한번 해보면 많은 경험이 될 것 같았다. 그렇게 6개월 정도를 지원하였고, 설계가 끝나고 입찰이 공고되었다.

사실 본부장님은 이 프로젝트가 이렇게 빨리 입찰 공고될 것이라고 생각하지 못했고, 우리가 해보지 않은 시스템이라 설계 지원 및 입찰 참여도 쉽지 않을 것 같아 인력 낭비를 최소화하기 위해 나만 지원을 보낸 것이다. 그러나 이 프로젝트가 본부장님이 생각하신 것보다 설계 지원도 원활히 잘되었고, 그 덕분에 입찰 공고도 빨리 나오게 되니까 입찰에 적극적으로 참여하라는 지시가 내려졌다. 그러나 그때 당시 많은 입찰 건으로 인해 인력이 턱없이 부족하던 상황이었다. 그래서 나는 여직원 1명과 협력사의 지원을 받아 입찰에 참여하기로 결정했다.

　일반적으로 입찰은 대략 5명 내외의 인원이 참여하는데, 이번 입찰은 인원이 너무 부족했다. 그래서 나는 회사에 추가 인원을 요청하였으나, 거절당했다. 이런 상황이면 입찰을 포기하겠다고 말하는 것이 원칙이나, 나 같은 보통 직장인이 그렇게 말하기는 현실적으로 어려웠다. 그래서 어쩔 수 없이 진행하기로 하였다.

　나는 여직원과 의기투합하여 이번 프로젝트를 잘 마무리해보자고 요청하였다. 힘들더라도 조금만 참고 하자고 부탁도 하였다. 그 여직원은 흔쾌히 수용하였고, 입찰은 진행되었다.

원래 입찰이라는 것이 마감일이 정해져 있기 때문에 마감일
이 다가올수록 해야 하는 일이 많아진다. 나는 매일 밤샘 작업
으로 심신이 지쳐갔고, 여직원에게 짜증내는 일과 요구하는
사항이 점점 많아졌다. 결국 여직원은 과장님의 기대에 부응
하지 못한 자신이 한심한 것 같다며 눈물샘을 폭발시켰다.

나는 회사의 요구 사항이 많아져서 힘들다는 이유로 짜증
과 불만을 여직원에게 고스란히 전달하고 있었던 것이다. 너
무 미안했다. 나는 내가 힘들게 참고 일하면 그 여직원도 그
렇게 해줘야만 한다는 무언의 요구를 하고 있었던 것이다.

이동우 님의 저서 『혼자 일하는 즐거움』은 조직 생활에 대
해 이렇게 말하고 있다.

"문제는 우리가 조직 문화를 대하는 태도다. 우리는 조직
생활에서 일단 무조건 따라야 한다고 생각한다. 조직의 규범
과 문화가 만들어지고 나름대로 관성의 법칙을 가지고 있으
니 이미 형성된 규범과 문화에 대해 개인이 반대하기는 쉽지
않다. 하지만 당신 스스로 조직의 규범과 문화가 옳지 않다
고 판단한다면 당신은 스스로 혼자이기를 자처해야 한다. 말
은 하지 않더라도 스스로 판단하고 움직여야 한다. 나름대로
용기가 필요한 것이다."

모든 인간관계에서 요구가 많아지거나 강해지면 그 관계는 불행해진다. 직장 내 조직 생활은 더욱더 그렇다. 특히 상하관계를 중요시하는 조직 문화에서는 상사의 요구 강도에 따라 인간관계가 결정된다고 볼 수 있다. 그리고 개인에게 할당되는 일이 많을수록 타인에게 요구하는 강도나 빈도가 늘어나게 된다.

　대기업과 같이 분업화가 잘되어있는 조직은 요구의 빈도보다 강도를 더 중요시 여긴다. 즉, 일을 많이 요구하기보다 정확히 잘 처리하기를 바라는 경우가 많다. 상대적으로 규모가 작은 중소기업은 일의 강도보다는 빈도를 더 중요시 여긴다.

　나는 상사에게 직접적으로 많은 요구를 받았다. 하지만 그 상황에서 내가 "이 정도의 인원으로는 절대 할 수 없습니다."라고 말했다면 상사는 크게 실망했을 것이다. 그러면 앞으로의 직장 생활에서 불이익을 받을 수도 있다. 하지만 그런 불안과 함께 잘하면 상사에게 좋은 평가를 받을 수 있을 거라는 욕심이 같이 일하는 동료와의 인간관계를 엉망으로 만들어버렸다.

　직장 생활을 그만두고 혼자 일할 때는 그런 일이 없다. 그래서 혼자 일하는 것은 매우 즐거운 일이다. 나의 성공을 위해 누군가의 자유를 억압하는 일이 없다. 무한 경쟁이 아니라 무한 수용의 자세를 취하는 것이라 할 수 있다. 모든 다양성을 수용할 수 있게 된 것이다.

사람들은 각자가 가지는 개성과 능력이 다르다. 아직도 많은 직장에서는 다른 개성과 능력을 획일화하려 하고 있다.
'너만 힘드냐? 나도 힘들다.', '직장 생활은 원래 그런 거다.', '우리는 하나다.' 등의 획일화 문화는 이제 지양해야 한다.
이 악순환의 고리를 누군가는 끊어야 한다고 생각했다. 그래서 내가 끊어보려고 나름대로 많이 노력했다. 그러나 직장 내에서 이런 악순환의 고리를 끊기는 정말 어려웠다. 무엇보다 내가 너무 힘들었다. 그리고 점점 지쳐갔다. 결국 이 악순환의 고리를 끊기도 전에 내가 먼저 회사를 그만두게 되었다.

좀 더 노력했더라면 좋은 변화를 가져올 수도 있었다는 생각도 들지만 지금은 혼자 일하는 것이 좋다. 소위 말해 이 꼴 저 꼴 안 보는 것이 상책이라고 자위하고 있다. 만약 당신도 악순환의 고리를 끊기 위한 노력을 해야겠다고 마음을 먹었거나 진행하고 있다면 혼자 할 수 있는 일도 다 함께 방법을 강구하며 진행하기 바란다. 중간에 자신이 쓰러져 버리면 정말 죽도 밥도 안 되는 상황이 벌어질 수 있기 때문이다.

모든 조직 생활이 강압적이고 나쁜 것은 아니지만, 직장 내 일과 인간관계에서 자유로워지고 싶다면 꼭 혼자 할 수 있는 일을 찾아보길 바란다. 그리고 혼자 일하는 것은 당신이 생각하는 것보다 훨씬 즐겁다는 점을 꼭 말해주고 싶다.

3
나는 KTX에서 기적을 만났다

～♪.♫～

"송 차장님! ○○○프로젝트 최종계약서 송부하였으니 확
인 부탁드립니다."

"네! 감사합니다."

나는 서울에서 나주로 내려가는 KTX 기차 안에서 한 통
의 전화를 받았다. 40억 규모의 프로젝트를 최종 계약하는
전화였다. 8개월 정도 영업하며 공들인 프로젝트라 기분이
아주 좋았다. KTX 안에서 내부 임직원 및 관련업체 등 많은
분들로부터 축하 전화를 받았다. 이런 순간은 영업사원으로
일하며 간간히 느끼는 축복이었다. 그동안의 마음고생이 약
간이나마 위로가 되는 순간이었다. 대부분의 영업사원들이
이런 맛에 영업한다. 40억 정도의 프로젝트는 중견기업에서
는 매우 큰 프로젝트였다. 그리고 몇 달 동안 실적의 압박을

잊게 해줄 수 있는 가뭄에 단비와 같은 프로젝트였다.

하지만 이런 기분도 그리 오래가지 못했다. 보통 한 주 정도는 내부직원 및 협력 업체 담당자들과 그동안의 노고를 치하하느라 술도 먹고 휴식도 취했다. 하지만 한 주가 지나면 수주 프로젝트 관련 진행 사항 보고를 준비해야 했다. 프로젝트와 관련하여 원가 및 영업이익, 그리고 앞으로 어떻게 진행할 것인지에 대해 상세히 보고해야 했다. 영업은 이때부터 신경을 바짝 써야 한다. 혹시 사전에 계산한 원가 내역에 틀리거나 빠뜨린 점이 있다면 수주하고도 야단맞는 경우가 많기 때문이었다. 내가 수주한 프로젝트는 대부분 신규 사업이라 특히 신경 쓸 사항들이 많았다. 그것만 생각하면 머리가 아팠다. 나는 복잡한 머리도 식힐 겸 다시 책을 들고 읽기 시작했다.

이때 만난 책이 김병완 님의 저서인 『나는 도서관에서 기적을 만났다』였다. 이 책은 우연하게 모바일로 알게 된 책인데, 그 내용이 나의 상황과 너무 비슷한 거 같아 바로 읽어 보았다. 사실 이 책이 내가 회사를 그만두게 되는 결정적인 계기가 된 책이었다.

읽는 내용마다 나의 심장에 심폐소생술을 하는 것처럼 심장을 마구 뛰게 만들었다. 그때부터 회사의 일이 손에 잡히지 않았다. 마치 주말 드라마의 예고편을 보면 다음 주가 기다려지는 것처럼 항상 책 읽는 퇴근 시간이 기다려졌다. 그리고 퇴근 후 많은 저녁 약속을 미루고 집으로 와서 이 책을 읽었다. 이때 만화책을 제외하면 태어나서 처음으로 책을 3일 만에 다 읽었다. 내용은 이렇다.

삼성의 11년차 연구원이었던 저자는 화려한 대기업 생활에 염증을 느끼고 과감히 지방의 한 도서관으로 향했다. 그리고 3년 동안 9,000권을 읽고 1년 6개월 동안 33권의 책을 쓰면서 많은 의식의 변화를 겪게 된다. 이 책은 그동안 저자가 겪었던 경험과 느낀 감정들을 담고 있다.

책의 내용 중 이런 부분이 있다.

"다람쥐 쳇바퀴 돌듯 하는 생활과 회사라는 조직(나무)에서 이끄는 대로 그 나무에 매달려 살아야만 하는 회사 의존적인 기생 생활에는 더 이상 비전이 없고, 미래가 없다는 생각을 하게 되었다. 그때부터 회사 일이 손에 잡히지 않았다. 몇 달을 고민한 끝에 그해 겨울 12월 31일을 마지막으로 10년 이상 다닌 회사를 떠나게 되었다."

나 역시 이 시기에 이런 고민이 항상 머릿속에 있었다. 하지만 현실 속 나의 역할이 항상 마음에 걸렸다. 11년차 영업 사원이면서 차장, 그리고 멋진 남편, 아빠, 장남. 그렇다. 나는 가족의 생계를 위해 열심히 돈을 벌어야 한다. 그래야 가족이 행복하게 살 수 있다. 지금 나의 고생은 그 역할을 유지하기 위해 지속되어야 했다. 지금까지 그렇게 생각했다. 그런데 이 책의 저자도 나와 비슷한 역할을 가지고 있었다. 그리고 비슷한 고민을 했다고 한다. 하지만 저자는 자신의 인생을 위해 도전했다.

쉽지 않은 결정이었을 것이다. 저자는 성균관대를 졸업하고 우리나라에서 1등 기업이라는 삼성을 10년간 다니고 사직했다. 나는 울산대학교를 졸업하고 중견기업을 10년간 다니고 사직했다. 저자는 분명 나보다 더 좋은 상황에서 큰 결정을 하였다. 이 글을 읽는 독자는 나보다 좋은 상황에 있는 사람도 있을 것이고, 나쁜 상황에 있는 사람도 있을 것이다. 하지만 한 가지, 어떤 상황이든 새로운 길을 가는 것은 누구에게나 큰 결심이고 결단이라는 사실은 분명하다.

'그럼 이 저자는 어떻게 결정하고, 그 뒤 어떻게 살아가고 있을까?'

이런 의문과 호기심으로 책장을 한 장 한 장 넘겼다. 처음에는 호기심으로, 대리만족을 느끼고자 읽었지만 읽으면서 점차 저자의 상황에 빠져들게 되었다. 나에게도 현실적으로 저자와 같은 결정이 가능할 것 같아 보였다. 하지만 분명 저자의 현실과 나의 현실은 다르다. 이것을 전제로 더 읽어보았다.

우선 내가 사직을 결심했을 때 가장 걸리는 문제가 처자식 문제였다. 이 저자는 처자식 문제의 해법으로 손자병법에 나오는 구문을 인용하여 결단과 선택을 제시하면서 과감히 실천하라고 조언했다. 그런데 현실은 결단과 선택을 과감히 내리기 쉽지 않다.

이 글을 읽는 독자의 상황도 각자 다를 것이다. 나는 여기서 처자식 문제를 이렇게 해보라고 제시하고 싶다. 대부분 집안의 경제력은 남편이 가지고 있지만, 관리 권한은 아내가 가지고 있을 것이다. 그럼 아내와의 대화가 무조건 필요하다고 생각한다. 설사 경제권과 관리 권한이 모두 나에게 있어도 반드시 대화가 필요하다. 내일 혹은 다음 주에 사표를 던질 생각으로 아내와 대화 하면 십중팔구 나의 생각과 다른 방향으로 흘러갈 것이다.

적어도 1년 정도의 시간을 두고 준비와 대화를 같이 병행하기 바란다. 모든 일이 처음부터 일사천리로 진행되지는 않을 것이다. 우선 처음에는 무엇을 준비해야 되는지 모르는 경우가 많다. 대부분 준비 과정 및 성공 사례 등을 살펴보는데 시간을 보내게 될 것이다. 이 과정을 모두 아내에게 알리기 바란다. 그럼 아내도 어느 시점에서는 현실적으로 생각하게 된다. 나의 가정 형편상 얼마 정도까지 버틸 수 있는지도 알아보게 될 것이다.

사실 내가 결정을 내릴 때도 가장 오랫동안 고려한 것이 경제력이었다. 그건 평범한 가정을 가진 직장인이라면 누구나 필연적으로 생각하게 되는 요소다. 사람의 본성은 안정을 추구한다. 지금의 상황이 내가 선택할 수 있는 가장 안정적인 상황이라고 생각하며 살아왔을 것이다. 그런 안정적인 삶을 버리고 전혀 다른 결정을 한다는 것은 굉장히 힘든 일이다.

아내와의 협상이 마무리 되면 본격적으로 준비하는 모습을 보여줘야 한다. 가장 좋은 것은 틈틈이 책 읽는 모습부터 보여주는 것이다. 책을 읽고 나서 느낀 감정을 어디든 메모해두고, 가끔씩 아내에게 보여주자. 그러면 아내도 나의 글쓰는 실력이 어느 정도인지 판단하게 된다. 아주 무심한 아내가 아니면 감상평도 해줄 것이다. 이런 행위가 반복되면 아내도 긍정적인 생각을 갖게 될 것이다. 그렇게 자연스럽게 아내가 나의 첫 번째 독자이자 평론가가 되어줄 것이다.

4
아내와 동행한 26만 원의 특강

⊙•⊙

니는 아내에게 몇 달 동안 책을 읽고 쓰는 모습을 보여주면서 호감을 얻는 데 성공했다. 하지만 호감만으로는 부족하다고 느꼈다. 무언가 확실한 한 방이 필요했다. 그 결정적인 한 방을 찾던 중 김태광 작가의 『7가지 성공 수업』이라는 책을 읽게 되었다. 이 책은 책 쓰는 것을 준비하는 사람이 읽으면 많은 도움이 되는 책이다. 책 쓰기에 대한 중요성을 역설하며 꾸준히 실천하고, 긍정적인 생각으로 상상하면 꿈은 이루어진다는 메시지를 담고 있는 책이다.

이 책의 내용이 특별한 것은 아니지만, 김태광 작가가 운영하고 있는 '한국책쓰기협회(이하 한책협)'라는 단체가 눈에 들어왔다. 카페를 통해 운영하는 단체라 먼저 그 카페에 가

입했고, 회사에서 쉬는 시간을 이용해 찬찬히 살펴보았다. 그러다 한책협이 '1일 특강'이란 정기적인 특강을 진행하고 있음을 알게 됐다. 나는 순간 이 특강을 아내와 같이 들으면 좋겠다고 생각했다. 회사를 다니며 특강이나 세미나를 많이 다녀본 나는 직감적으로 이 특강이 하루 동안 특장점만 살려 책 쓰기를 어필하는 내용일 거라고 간파했다. 이런 특강을 들으면 나의 확신은 더욱더 공고해질 것이고, 아내의 마음도 굳힐 수 있을 것이라 확신했다.

특강 비용이 1인당 13만 원으로 다소 부담은 되었지만, 아내를 설득하는 데 이만한 방법이 없다고 생각했다. 특강하는 장소가 집에서 그리 멀지 않은 곳이라는 점도 우리 부부의 발길을 가볍게 하였다. 다행히 며칠간의 설득 끝에 아내는 동행하기로 결심하였다.

우리 부부는 강의실 지하 주차장에 주차하러 들어갈 때 조금 놀랐다. 김태광 작가는 책에도 나와 있었지만 우리나라 슈퍼카 동호회 회장이자 람보르기니를 소유한 사람이다.

지하 1층 주차장에 들어서는 순간, 황금색 람보르기니가 우아한 자태를 뽐내며 자리 잡고 있는 것이었다. 아내도 내가 어느 정도 설명한 상태라 알고는 있었지만, 막상 황금색 람보르기니를 보니 마음이 동하는 눈치였다. 람보르기니를 살 정도로 성공하겠다고 시작한 일은 아니지만, 견물생심이라고 람보르기니를 보게 되니 성공하고 싶은 욕망도 생기는 것 같았다. 그리고 람보르기니는 그 단체의 홍보 수단으로도 일조하는 것처럼 보였다. 우리는 잠시 눈을 호강시킨 후 특강 장소로 올라갔다.

특강을 들으러 온 사람은 대략 30명 정도 되는 것 같았다. 하지만 그중 10명 정도는 그 단체와 관련된 사람들이었음을 나중에 알게 되었다.

특강은 김태광 작가를 비롯해 몇 명의 스태프들이 나와 한책협을 소개한 뒤 책 쓰는 방법, 효과 등에 대해 설명하고, 중간에 쉬는 시간을 갖는 형태로 진행되었다. 중간에 쉬는 시간을 이용하여 김태광 작가의 1:1 코칭을 받을 수 있게 배려해주었다. 너무 짧은 시간에 많은 사람들이 1:1 코칭을 받으려고 차례를 기다려야 했기 때문에 많은 코칭을 받기는 어려웠다. 본격적인 유료 코칭의 맛보기 정도라고 느껴졌다.

쉬는 시간을 이용하여 아내에게 어떠냐고 물어보았다. 아내는 긍정적인 반응을 보였다. 우리 부부가 이런저런 이야기를 하고 있을 때 아내 옆에 있던 분이 말을 걸었다. 나는 그분이 우리와 같은 수강생인줄 알았다. 그분은 또 다른 한책협 스태프였다. 그분은 아주 친절하게 우리 부부에게 이런저런 설명을 해주었고, 관련된 과정을 수강해보라며 권유하였다. 그런데 사실 나는 그런 분위기를 좋아하지 않는다. 그분의 권유가 강압적이거나 강제하는 것은 아니었지만, 편한 마음에서 듣기를 원했던 나에게는 좀 불편하게 느껴졌다. 그러나 강의는 여러 가지로 유익한 시간이었다. 실제 책 쓰기의 진행 방식이나 책 쓸 때의 어려운 점, 경험하신 분들의 책 쓰기 사례, 책을 쓰고 나서의 변화 등은 신선한 자극이 되었다.

아내와 나는 집에 와서 밥을 먹으며 특강의 소감을 나누었다. 아내는 예상대로 긍정적인 태도를 보였고, 일단 책 쓰기에 도전해보라고 답변했다. 그러나 한책협에서 추천한 글쓰기 과정은 좀 더 생각해보자는 것이 우리 부부의 공통된 의견이었다. 9백만 원이 넘는 비용도 상당한 부담이었지만, 성격상 무조건 내 자신이 직접 부딪쳐봐야 진정한 내 것이 된다고 믿고 있기에 일단 직접 도전하기로 결심했다.

우리는 어떤 일을 도전하게 되었을 때 처음부터 학원이나 아카데미 등에 의존하는 경향이 있다. 왜냐하면 이런 학원이나 아카데미 등에서 배우면 금방 내가 원하는 것을 이룰 수 있을 것 같은 생각이 들기 때문이다. 그러나 이런 학원이나 아카데미 등을 결정할 때 신중할 필요가 있다. 당신이 어떤 도전을 할 때 방향을 세우고 롤 모델을 찾는 것은 매우 바람직한 일이지만, 처음부터 특정한 곳에 의존하여 마치 그곳을 다니면 모든 것이 이루어질 것이라 믿는 것은 잘못된 것이다. 그곳에서 모든 것을 다 해줄 수는 없다. 설령 한 번은 전부 코칭을 해줄 수 있지만, 향후에는 자신이 알아서 해야 한다. 대부분의 사람들이 한 번만 경험해보면 마치 다음부터는 자연스럽게 일이 풀릴 것처럼 여기지만, 꼭 그렇지도 않다. 같은 일이라도 매 순간 겪어야 하는 상황은 다르다.

물론 무조건 스스로 해야 자신의 것이 된다고만 맹신해도 곤란하다. 방향도 롤 모델도 나 자신이 정하는 것이지만, 필요에 따라 전문가의 코칭을 받는 건 좋은 동기부여가 될 수 있다. 그러나 자신이 하고자 하는 일에 대한 두려움 때문에 무조건 전문가에게 맡기는 것은 좋은 방법이 아니다. 전문가의 도움은 동기를 부여하거나 일의 추진력을 가속시키는 역할을 할 수는 있어도 모든 방향과 방법을 당신의 것으로 만들어줄 수는 없다는 점을 꼭 알아야 한다.

이 점은 주변에 많은 매체를 통해 꿈을 이루었거나 성공한 사람들을 보면 쉽게 알 수 있다. 그 사람들의 공통점은 모두 목표 설정과 도전 과정 전부를 스스로 했다는 점이다. 꿈이나 성공을 이루어가는 과정에서 자연스럽게 롤 모델도 발견하게 되고, 직·간접적으로 코칭도 받게 된다. 그러면서 하나하나가 나의 피와 살이 되는 것이다. 만약 작가가 되기로 마음먹었다면 글을 쓰는 방법이나 출판 과정은 학원이나 아카데미를 통해 배울 수 있다. 하지만 그 도전을 진행하는 것은 본인의 몫이다.

만약 누가 당신에게 아이폰 만드는 기술을 가르쳐줄 수 있고, 당신을 스티브 잡스처럼 만들어줄 수 있다고 말한다면 아이폰 만드는 기술을 배울 수 있다는 사실만 받아들이면 된다. 그 사람이 사기꾼이 아니라면 아이폰 만드는 기술을 당신에게 가르쳐줄 수는 있을 것이다. 하지만 아이폰을 만들 수 있다고 해서 당신이 스티브 잡스가 될 수 있다는 것은 완벽한 거짓말이다.

우리는 대부분 스티브 잡스가 될 수 있다는 말에 현혹되는 경우가 많다. 우리는 절대 스티브 잡스가 될 수 없다. 스티브 잡스처럼 성공한 '나'만 존재할 뿐이다. ○○○처럼 성공한 작가로 만들어 준다거나 ○○○처럼 부자의 삶을 살게 해준다는 것이 사실일 수도 있고, 거짓일 수도 있다. 이런 홍보가 사실인지 거짓인지는 중요하지 않다. 다만 중요한 것은 정말 성공한 사람들은 대부분 이런 학원이나 아카데미를 다니지 않았다는 사실이다.

어쨌든 나는 아내와 동행한 26만 원의 특강을 통해 원하는 해답을 얻었다. 나는 한책협 스태프도 아니며, 과정을 수강했던 사람도 아니다. 하지만 한책협의 일일특강을 통해 책 쓰는 방법 및 동기부여 측면 등에서 많은 도움을 받았고, 이 점을 항상 감사하게 생각하고 있다.

5
부자와 빈자의 사고는 다르다

〜♪•♪〜

견물생심(見物生心): 물건(物件)을 보면 욕심(慾心)이 생긴다는 뜻.

사실 김태광 작가의 일일특강을 듣고 난 후 람보르기니가 부러웠다. 나는 그 사람에 대해 거의 모른다. 한책협이라는 단체를 운영하고 있고, 책을 쓰고 있으며, 람보르기니를 탄다는 정도의 정보가 전부다.

대부분의 사람들이 람보르기니를 타는 사람이라고 하면 부자라고 생각할 것이다. 보통 사람은 절대 소유할 수 없는 물건이다. 아닐 수도 있지만, 이 차를 탄다는 것을 홍보의 수단으로 사용하는 것처럼 보였다. 사람들을 끌어 모으기에 좋은 전략이라고 생각한다.

나는 일일특강에 가서 들었던 내용을 친한 직장 동료들에게 알려주었다. 이때가 직장 동료들에게 내가 회사를 그만두고 작가가 되고 싶다고 처음 말한 때였다. 사실 그 전에는 이런 말을 하면 직장 동료들이 부정적인 반응을 보이는 것이 싫어서 안 하고 있었다.

내가 이런 이야기를 들려주자 역시 대부분이 부정적인 반응을 보였다. 유일하게 한 후배만 긍정적으로 봐주었다. 그리고 다들 작가가 책 써서 람보르기니를 타냐고 비웃듯 말했다.

나는 람보르기니가 중요한 것이 아니라, 그 사람이 어떻게 그런 자리에 올랐는지 자세히 알아봐야 한다고 주장했다. 그냥 람보르기니는 이런 방식으로도 많은 돈을 벌 수 있다는 그 이상도 이하도 아니라고 했지만, 동료들은 그렇게 봐주지 않았다.

그 일이 있은 후 나는 더는 람보르기니를 언급하지 않았다.

학창 시절 집단 따돌림, 잦은 전학을 경험하며 인생의 절망에 빠졌다가 지금은 버진 그룹의 창시자인 리처드 브랜슨과 모나코의 부유층 등 세계적으로 유명한 경영자들과 함께 비즈니스 및 여행을 하며 인생을 마음껏 즐기고 있는 특이한 경력의 소유자 이구치 아키라는 그의 저서 『부자의 사고 빈자의 사고』에서 이렇게 말하고 있다.

"부자가 되고 싶다면 일반적인 경로를 벗어나는 것이 중요합니다. 평범한 경로로 계속 나아가 봤자 작은 성공을 거둘수는 있어도 큰 성공은 거둘 수 없습니다. 반면 경로를 벗어나면 다른 많은 사람들과의 차별화를 노릴 수 있고, 경우에 따라서는 독자적인 시장을 손에 넣을 수도 있습니다. 또한다른 사람에게서 착취하는 것이 아니라 '어떻게 하면 다른 사람에게 가치를 부여하고 발상을 전환시킬 수 있을까' 하는 생각 역시 부자와 가난한 사람의 차이입니다. 진정한 부자는다른 사람에게서 빼앗아 성공하는 성과주의를 절대로 따라가지 않습니다.

물론 부자가 되려면 고용인의 태도를 버리는 것이 가장 중요합니다. 수동적으로 일하기보다 적극적으로 일하는 사람이 되어야 합니다. 어떤 사람의 인생이 더 즐거운지 묻는다면 당연히 적극적으로 일하고 가치를 제공하는 사람이 아닐까요?"

이 책은 같은 상황을 두고 부자의 사고와 빈자의 사고를 극명하게 보여주고 있다. 이 책을 읽는 동안 나는 그동안 철저히 빈자의 사고로 살아왔다는 것을 깨달았다. 그래서 돈은 늘어날수록 부족하고 일은 할수록 불행하게 느꼈다는 것을 알게 되었다.

사실 이런 이야기를 직장 동료들과 하고 싶었지만, 공감할 수 있는 직장 동료는 불행히도 없었다. 그래도 유일하게 공감할 수 있는 아내와 응원 정도는 해주는 주변 사람들이 있다는 것만으로 충분한 힘이 되었다.

나는 이 책에서 한 가지 중요한 사실을 깨닫게 되었다. 모든 성공한 사람들은 공통적으로 '마인드의 부자화'를 실천했다는 점이다. 이 마인드의 부자화는 자신만의 방법으로 빈자화된 마인드를 부자화해왔다는 것을 뜻한다. (여기서 '부자화'는 점점 부유하고 풍요로워짐을 뜻함.) 이 말은 우리가 흔히 아는 부자 마인드가 따로 있는 것이 아니라 마인드를 풍요롭게 만드는 자신만의 방법이 있다는 뜻이다.

모든 성공한 사람들은 똑같은 방법으로 성공하지 않았다. 자신만의 방법으로 성공을 이뤄낸 것이다. 그러나 성공으로 가는 과정에서 마인드를 부자화했다는 공통점이 있다. 일부 태어나면서 성공을 보장받은 사람을 제외하고, 부자 마인드를 가지고 태어나는 사람은 없다. 자라면서 환경적인 요인에 의해 마인드를 부자화하는 과정을 거침으로써 성공을 이루어냈다.

비단 이 책뿐만 아니라 성공에 관한 다른 책들을 읽어보아도 가장 우선시 되고 중요시 되는 것이 마인드의 변화다. 그래서 나는 독서를 통해 마인드의 변화를 이끌어내기로 결심하였다.

마인드를 부자화할 것이냐 빈자화할 것이냐는 당신의 선택이다. 그러나 이런 선택이 있다는 사실조차 모르고 살아가는 사람들이 대다수다. 나도 그중 한사람이었다. 그러나 지금은 빈자화된 마인드를 점차 부자화하는 훈련을 하고 있고, 그 변화를 조금씩 경험하고 있다.

『부자의 사고 빈자의 사고』에서 말하는 많은 부자와 빈자의 사고 방식 중 한 가지가 특히 눈에 띄었다.

"가난한 사람은 꿈만 설정하고 모험 계획은 세우지 않는다. 부자는 모험 계획을 세울 수 없는 꿈은 꾸지 않는다."

나는 이제 꿈도 설정하고 모험 계획도 세웠다. 그렇다고 당장 부자가 되는 것은 아니지만, 앞에서 언급한 대로 점차 마인드를 부자화하는 과정을 걷고 있다.

지금 이 글을 쓰는 순간이 람보르기니에 견물생심했던 내 자신을 되돌아보는 계기가 되는 순간이다.

6
평생 돈과 일에 구애받지 않는 비법

〜.〜

내가 직장을 그만두었을 때 직장 동료들이 하는 공통적인 걱정이 있었다.

"책 쓰면서 생활을 할 수 있겠어?"

사실 직장인들의 최대 관심사는 돈이다. 금전적인 문제를 가장 우선적으로 생각하게 된다. 당신이 지금 당장 직장을 그만둔다면 어떻게 생활할 것인가를 필수적으로 생각해야 할 것이다. 금전적인 문제를 해결하지 않고 무작정 책을 쓴다는 것은 훈련받지 않은 병사가 전쟁에 나가는 것처럼 두려운 일이다.

나도 사직을 결심하고 금전적인 문제를 가장 많이 생각했다. 그런데 이런 생각을 하면 할수록 더욱더 두려워진다. 금전적인 문제의 해결 없이는 그 두려움을 떨쳐내기란 쉽지 않다. 그럴 때 강력하게 추천하는 것이 '이열치열 전법'이다. 어차피 책을 쓰기로 결심했다면 그 해결책도 책으로 돌파하는 것이 현명하다고 생각한다. 그래서 내가 사직하고 나서 가장 많이 읽은 책이 심리와 관련된 책이었다.

고코로야 진노스케의 『평생 돈에 구애받지 않는 법』이란 책을 읽어보면 다소 황당하지만 한번 믿고 실천해볼 만한 내용들이 있다.

"자신의 가치를 구체적으로 나타내는 지표가 바로 '존재급(存在給)'입니다. …(중략)… 그리고 자신의 존재 가치, 즉 전혀 쓸모없고, 밥만 축내며, 폐만 끼치는 자신이 받아도 되는 수입이 '존재급'입니다. …(중략)… 노동의 대가는 성과급을 의미합니다. 이처럼 돈을 노동의 대가나 성과급과 같다고 생각하면, 몸과 마음이 망가질 때까지 일할 수밖에 없습니다. 그래야 돈이 들어온다고 철석같이 믿기 때문입니다. …(중략)… 돈이 노동의 대가나 고객 만족, 열심히 노력한 보상이라고 한다면, 부자의 아내는 가난해야 합니다. …(중략)… 그래도 이 아내는 부자입니다. 남편이 주는 돈을 당연하게 여기며 받기 때문입니다. 즉, 아내는 '존재급'이 높기에 부자인 것입니다. 돈에 구애받지 않는 사람이 되려면 자신의 가치를 스스로 인정해서 '존재급'을 올려야 합니다. …(중략)… '어차피 나한테는 가치가 있다. 풍족함을 얻는 게 당연하다. 노력하지 않아도 된다.' 이렇게 자신에게 말하기만 하면 됩니다. 이 것만으로도 풍족함이 찾아옵니다. 몇 번이고 끊임없이 반복하세요. 이것이 바로 '마음 훈련'입니다. 모든 것은 이 마음 훈련에서 시작됩니다."

내가 이 책에서 얻고자 했던 것은 '정말 돈을 벌지 않는 상황인데도 괜찮을까?' 혹은 '돈이 없으면 책을 쓰다가 포기하는 건 아닐까?'의 해답이었다. 그러나 내가 이 책을 다 읽고 난 후 얻은 것은 '돈을 벌지 않아도 괜찮아!'가 아니라 내 자신의 내면에 자리 잡고 있는 불안과 조바심에 대한 해답이다.

실제 이 책은 돈에 대해 저렴한 생각을 버리라고 말하고 있다. 그 생각을 버리는 순간부터 돈은 자신의 흐름에 맞게 흘러 들어온다고 한다. 처음에는 허무맹랑한 이야기로 들렸다. 그런데 이 저자는 일본에서 유명한 심리상담사이면서 베스트셀러 작가다. 저자가 말하는 것이 그냥 허무맹랑한 이야기라면 일본에서 이토록 유명한 심리상담사가 될 수 있었겠는가? 아무튼 여러 방면으로 검증이 필요했다.

일단 이 저자의 다른 책들도 다 읽어보기로 했다. 『나를 믿는 용기』, 『약해지지 않는 마음』, 『좋아하는 일만 하며 사는 법』, 『적당히 사는 법』 등의 책들도 마찬가지로 그냥 믿으라는 내용이었다. 저자는 그냥 자신을 믿고 좋아하는 일만 하며 살아도 되고, 적당히 살아도 된다고 주장하고 있다. 읽으면 읽을수록 저자의 묘한 설득력에 빠져드는 것을 경험할 수 있었다.

그럼 이 저자의 말이 진짜 맞는지 실제 생활에서 검증해보기로 했다. 저자가 시키는 대로 '나의 존재급은 100억이다. 그러니까 그에 상응하는 돈이 들어오는 것은 당연하다.'라는 생각을 하루에 수십 번씩 마음속으로 되뇌었다. 그런데 돈은 들어오지 않았다. 혹시나 했는데 역시나였다. 그런 방법으로 돈이 들어왔으면 아마 난 벌써 부자가 되었을 것이다.

그런데 몇 가지 이상한 변화는 있었다. 우선 아내의 월급이 올랐다. 그리고 우리 부부가 맞벌이를 했을 때 장모님이 손녀를 돌봐주셨기에 매달 용돈을 드렸는데, 내가 당분간 수입이 없는 관계로 장모님이 50% 정도만 받겠다고 하셨다. 또한, 아내의 외삼촌이 고가의 자동차를 싸게 주시는 등 가정 형편에 도움이 되는 크고 작은 변화들이 생겼다.

사실 이것으로 이 저자의 주장이 검증되었다고 볼 수는 없다. 오히려 검증되지 않는 것들이 훨씬 더 많았다. 하지만 확실하게 변화를 느낀 것 한 가지가 있다. 그것은 앞서 언급했듯이 내 자신의 내면에 자리 잡고 있는 불안과 조바심에 대한 해답이다.

엄청난 돈이 직접적으로 들어와 경제적인 문제가 모두 해결되는 일은 없었지만, 내 생활에 필요한 직·간접적인 수입과 지출에 대해 당연해하면서도 감사히 여기는 마음이 생겼다. 이런 마음이 생기면서 경제적인 불안과 조바심은 어느 정도 해결이 되었다. 불교 『화엄경(華嚴經)』의 중심사상인 '모든 것은 오로지 마음이 지어내는 것'임을 뜻하는 일체유심조(一切唯心造)를 저자가 강조하고 있다는 느낌을 강하게 받았다.

결국 평생 돈에 구애받지 않는 비법은 내 마음속 나의 가치에 대한 강한 믿음이라고 할 수 있다. 내가 마음을 어떻게 지어내느냐에 따라 평생 돈에 구애받지 않을 수 있고, 좋아하는 일만 하며 살 수도 있는 것이다.

저자는 실제 이렇게 마음을 먹고 행동하여 많은 것을 자연스럽게 얻었다고 한다. 원래 저자도 나처럼 직장인이었다가 직장에 대한 회의를 느껴 지금은 일본에서 유명한 심리상담사로서 많은 활동을 하고 있다고 한다. 자신이 좋아하는 일을 적당히 하며 살고 있고, 그러면서 부와 명예를 동시에 얻었다는 것이다. 이 모든 것이 의식의 변화에서 시작되었다고 저자는 주장하고 있다.

나도 조금의 변화를 느낄 수 있었고, 앞으로 내 자신의 가치에 대한 확고한 믿음이 있다면 더 큰 변화가 찾아올 것이라 지금은 믿게 되었다. 이 저자가 주장한 것처럼 의식의 변화는 우리를 평생 돈과 일에서 해방시켜줄 수 있으며, 그 첫걸음은 내 자신의 가치에 대한 확고한 믿음이라고 할 수 있다.

그럼 당신도 지금부터 자신의 가치에 대한 마음 자세를 고치는 훈련을 해보자. 이것은 수시로 해야 한다는 점에서 훈련이라고 부르는 것이다. 훈련을 통해 습관으로 만드는 과정이 필요하다. 훈련이라고 해서 거창한 것이 아니니까 걱정할 필요는 없다. 그냥 자신을 믿어보는 것이다. 내 자신이 엄청난 부와 명예를 받을 만한 가치가 있다고 생각해보자. 당장은 변화를 느끼지 못할 수도 있다. 하지만 지속적인 훈련을 통해 습관이 된다면 반드시 변화가 찾아올 것이다. 그 변화가 어떤 식의 변화든 간에, 당신과 나에게 긍정적인 변화일 것이라는 사실은 분명하다.

7
직장을 멈추면 비로소 보이는 것들

～๑.๑～

여느 날처럼 아침에 딸아이를 어린이집에 보내기 위해 옷을 입히고 있었다. 딸아이는 TV를 열심히 보다가 엄마에게 한마디 했다.

"엄마! 원준이가 캣보이고, 준우가 도마배미고, 내가 올빼미야."

아내는 아침부터 무슨 소리인가 의아해했다. 그래서 내가 "〈파자마 삼총사〉라고 소울이(딸아이의 이름)가 좋아하는 TV 프로그램에서 나오는 애들이야!"라고 말해줬더니 아내가 "집에 있더니 많이 아네."라고 칭찬해주었다.

요즘 직장을 그만두고 딸아이랑 있는 시간이 많다 보니 딸아이의 관심사에 대해 많이 알게 되었다. 예전에는 딸아이가 무엇을 좋아하는지 전혀 몰랐다. 그냥 좋은 아빠, 좋은 남편이 되는 길은 돈 열심히 벌고, 주말에 잘 놀아주는 것이라고 생각했다. 그것도 방법 중 하나지만, 더 나아가 가족의 관심사에 같이 공감해주는 것이 진정으로 좋은 가장이 되는 길이라고 생각한다.

  우리는 살아가면서 많은 것들에 무관심해진다. 특히 가족에 대해서는 더욱더 그렇다. 직장에 다닐 때 나름대로 가족을 잘 알고 딸아이와 잘 놀아준다고 생각했다. 그러나 그때는 정말 놀아주는 것이다. 같이 노는 것이 아니었다. 같이 노는 것은 공감하는 것에서 출발한다. 그리고 공감하려면 가족의 관심사를 알아야 한다. 관심사를 알기 위해서는 관찰이 필요하다.
  혜민 스님의 『멈추면 비로소 보이는 것들』에 나오는 내용이다.

    멈추면 비로소 보여요.
    내 생각이
    내 아픔이
    내 관계가
    멈추면서 그것들로부터 한 발짝 떨어져 나오기 때문에

그것들에 휩쓸려 살아야 했던
평소보다 더 선명하게 잘 보여요.

그리고 멈추면 내 주변이 또 비로소 보여요.
나를 항상 도와주는 가족들과 동료들의 얼굴들
매일 지나치지만 볼 수 없었던 거리의 풍경들
들어도 잘 들리지 않았던 상대방의 이야기들

내가 직장을 그만두고 가장 좋았던 것은 나와 관련된 것들
이 자세히 보이기 시작했다는 점이다. 딸아이가 무엇을 좋아
하는지, 아내가 무엇을 바라고 있는지, 직장 상사가 왜 그래
야만 했는지, 직장 동료가 왜 힘들어했는지 등등. 내 마음을
챙길 여유가 생기니까 보이지 않는 것들이 보이기 시작했다.
그리고 가장 중요한 것은 내 자아를 자세히 볼 수 있게 되
었다는 것이다. 내 자아를 볼 수 있다는 것은 굉장히 중요한
일이다. 이것은 관심도 있어야 하고, 어느 정도의 훈련도 필
요한 것 같다. 자아를 들여다봄으로써 내 생각을 다시 돌아
볼 수도 있고, 내 아픔을 치유할 수도 있다. 그리고 주변의
관계를 긍정적으로 변화시킬 수도 있다.

사람은 누구나 자신만의 고집이 있다. 아무리 착한 사람이

라도 어느 정도의 고집이 있다. 이 고집이 긍정적인 고집이면 인생에 좋은 효과를 발휘하겠지만, 부정적인 고집이면 인생에 악영향을 미치게 된다. 긍정적인 고집이든 부정적인 고집이든 한번 형성되면 대부분의 사람들은 고치기 어렵다. 어떤 사람은 평생 동안 고치지 못하고 살아가는 경우도 있다.

이 고집은 나에게 확고한 생각이지만, 남에게는 아집처럼 보이게 된다. 아집(我執)이란 사전적 의미로 '자기중심의 좁은 생각에 집착하여 다른 사람의 의견이나 입장을 고려하지 아니하고 자기만을 내세우는 것'이라고 한다. 자기중심의 생각이기 때문에 자신에게는 확고한 생각이다. 하지만 타인의 의견이나 입장을 고려하지 않기 때문에 다른 사람에게는 집착처럼 보이게 되는 것이다. 결국 아집은 자아를 들여다보는 것으로 해결할 수 있고, 아집을 해결해야 주변의 관계를 긍정적으로 변화시킬 수 있다.

그럼 자아를 볼 수 있는 훈련 중에 좋은 방법을 두 가지 소개하겠다.

첫 번째는 명상을 통한 방법이다. 우선 이 방법은 내 호흡에 집중하는 것에서 시작된다. 자세는 상관없이 아무 데나 조용한 곳에서 편한 자세를 취하면 된다. 천천히 들숨과 날

숨에 5분 정도 집중한다. 시간도 정확히 정할 필요 없다. 자신이 집중하기 좋은 정도의 시간이면 1분도 좋고 10분도 좋다. 어느 정도 호흡에 집중하였다면 다음은 자신의 몸에 집중하면 된다. 처음에는 손과 발 등의 신체 말단 부분에서 시작하여 가슴과 머리에 집중하면 된다. 손과 발 등의 신체 말단 부분부터 집중하는 이유는 머리가 복잡하여 명상을 하는 경우가 많기 때문인데, 머리부터 집중하게 되면 집중도가 떨어지고 금방 지치게 된다.

마지막 머리 부분을 집중할 때가 가장 중요한데, 머리는 여러 가지 생각 때문에 복잡한 상황이라 이 상황을 좀 단순하게 볼 필요가 있다. 단순하게 보기 위해서는 이 상황을 제3의 관찰자적인 입장에서 볼 필요가 있다. 예를 들면 직장 상사에게 혼이 난 상황이라면 머릿속의 그 상황을 진짜 내가 관찰하는 장면을 연상하면 된다. 이렇게 제3의 관찰자적인 입장에서 보게 되면 그 상황이 의외로 별거 아닌 것이 되는 경우가 많다.

이 방법은 언제나 조용한 장소만 제공되면 할 수 있다는 장점이 있다. 그리고 사전 준비 운동으로 '멍때리기'를 시행한 후 시작하면 훨씬 더 큰 효과를 얻을 수 있다.

두 번째는 독서를 통한 방법이다. 아무 책이나 상관없이 지금 자신의 상황과 관련이 있는 책을 읽고, 현재 자신의 상태와 비교를 통해 자아를 들여다보는 것이다. 아무 책이나 상관없긴 하지만, 가급적이면 종교나 철학 혹은 심리학과 관련된 책이 좋다고 생각한다. 우선 책을 전부가 아니어도 좋으니까 목차를 보고 자신과 관련이 있는 부분을 읽어본다. 부분을 읽는 거니까 그리 오랜 시간이 소요되지 않을 것이다. 그리고 그 상황과 해법을 지금 나의 상황에 적용해보는 것이다.

예를 들면, 앞서 언급한 혜민 스님의 『멈추면 비로소 보이는 것들』의 '에필로그 – 나 자신의 온전함과 존귀함을 알아채시길'이라는 부분을 읽고 직장을 그만둔 나의 상황과 비교해볼 때 정말 내 생각과 아픔 그리고 관계들이 더 선명하게 보이는지 자아를 들여다보며 관찰하는 시간을 가지면 된다. 이 방법은 명상을 통한 방법보다 시간이 다소 많이 걸리지만 효과는 더 오래간다고 생각한다.

이 두 가지 방법은 나 자신을 자세히 봄으로써 나를 둘러싼 많은 문제들을 해결해나가는 수단이다. 이외에도 다른 수단도 있을 것이다. 결국 당신은 자신만의 확실한 수단들을 하나하나 찾아가는 것을 통해 일과 돈, 그리고 모든 것으로부터 자유로울 수 있을 것이다. 그리고 이러한 자신만의 확실한 수단은 우리의 최종 목적인 행복을 얻을 수 있도록 가장 정확한 길을 안내해줄 것이다.

4장
책을 읽고 쓰는 삶에서 답을 얻다

그럼 어떤 책이 성장에 도움을 줄 수 있는지 궁금할 것이다. 그건 사람마다 다르다. 그렇기 때문에 알 수 없다. 한 번의 물로 콩나물이 자라기를 바라는 것은 욕심이다. 한 권의 책으로 의식이 성장하기를 바라는 것도 욕심이다. 백 권이든 천 권이든 많은 책 속에서 보석 같은 한 권의 책을 만나길 소망하자.

1
독서는 시험이 아니다

~~~~

앞에서 본 것과 같이 나는 책에서 두려운 마음, 자유에 대한 갈망, 부에 대한 확신 등 많은 도움을 받았다. 그럼 이제 책을 어떻게 읽고 쓰면 되는지에 대한 구체적인 방법을 알아보도록 하자.

그전에 한 가지 알리고 갈 것이 있다. 이 책은 책을 쓰기 위한 스킬보다는 책을 왜 읽고 써야 하는지, 책을 읽고 쓸 때 애로사항은 무엇인지를 위주로 서술하였다. 만약 책을 쓰기 위한 자세한 스킬을 알고 싶다면 임원화 작가의 『한 권으로 끝내는 책 쓰기 특강』을 참고하면 좋을 것이다.

책을 쓰기 위한 필수 조건으로 책을 읽을 줄 알아야 한다. '책은 그냥 눈으로 읽으면 되는 거 아닌가?'라고 묻는다면

'아니다.'라고 대답하겠다. 나도 책은 그냥 무조건 읽으면 되는 줄 알았다. 그러나 책을 읽는 방법도 다양하다. 그중에서 한 가지 독서법을 소개하겠다. 내가 경험한 독서법에 가장 근접한 방법이다.

일본에서 유명한 서평가로 활동하고 있는 인나미 아쓰시 씨는 『1만 권 독서법』에서 독서에 대해 이렇게 말했다.

"독서는 음악과 같습니다. 음악은 결코 딱딱하지 않습니다. 기본적으로 즐기는 것이며, 마음을 가라앉히기 위한 것이며, 흥을 돋우기 위한 것으로 우리의 일상 가까이에 존재하고 있습니다. 그런데 음악은 이렇게 부담없이 즐기면서 왜 책을 앞에 두면 우리는 전투태세를 갖추듯 진지하고 심각해지는 것일까요? 음악을 들을 때처럼 독서를 좀 더 가볍게 받아들일 수는 없을까요?

느리게 읽는 사람은 독서에 대한 이런 '진지함'을 버리지 못한 사람이라고 할 수 있습니다. 앞서 말한 느리게 읽는 사람들이 묶여있는 '정독의 저주'의 발단은 분명 학교 교육에 있습니다."

우선 독서를 음악처럼 즐기면서 하라는 것에 동감한다. 독서는 마음의 안정을 찾거나 흥을 돋우기 위해 하는 행위인데, 우리는 책을 들고 읽으려는 순간부터 결연한 마음으로 시작한다. 책을 대하는 마음 자세가 달라지면 책은 재밌어진다. 그리고 재미난 책은 빨리 읽힌다. 나도 처음에는 두꺼운 책이나 어려운 내용이 있는 책을 보면 많이 부담스러웠다. 그래서 그런 책은 열 권 중 한 권 정도로 읽는다.

처음부터 두꺼운 책이나 어려운 책을 보면 읽다가 지친다. 자신이 잘 알고 있는 분야의 가벼운 책부터 읽자.

독서는 운동과도 공통점이 많다. 운동은 처음 시작할 때 준비운동을 한다. 갑자기 격한 운동을 하게 되면 근육에 무리가 생기기 때문이다. 그래서 스트레칭으로 가볍게 준비운동을 해준 다음 본격적인 운동을 시작한다. 독서도 마찬가지다. 처음 시작할 때는 준비운동이라 생각하고, 그냥 훑는 수준의 독서를 하자. 이해가 가지 않더라도 넘어가자.

내가 아는 내용이나 사례가 나오면 더욱 과감히 훑으면서 읽어가자. 그래도 내용 연결은 된다. 그러면서 글자와 친해지자.

글자를 보는 것과 책을 넘기는 것, 도서관과 서점에 자주 가는 것 등 독서 준비운동이 될 만한 행위에 익숙해지자. 그러면 일단 반은 성공한 것이다.

이 『1만권 독서법』에서 주장하는 핵심은 '플로우 리딩'이다. 플로우 리딩이란 정보가 물밀듯이 밀려드는 시대에 최적화된 '담아두지 않는 독서법'이다.

이 플로우 리딩처럼 담아두지 않고 최적화를 하려면 우선 많이 읽어야 한다. 그래야 그 과정에서 자신만의 최적화가 이루어진다. 담아두는 것도 기억하는 것도 그만두기 바란다. 독서는 시험이 아니다.

누구도 당신에게 수능처럼 지문이 말하는 요지를 파악하라고 하지 않는다. 얼마나 기억하고 있는지 물어보지도 않는다. 내 머리 한구석에 '이런 책이 있었다.' 혹은 '이 책은 이런 느낌이었다.' 정도만 기억하자. 나중에 필요하거나 다시 봐야 하는 일이 생기면 그때는 목차만 봐도 된다. 신기하게도 책 표지를 봤을 땐 무슨 내용이 있었는지 전혀 기억이 없다가 목차를 보면 대략적인 내용이 떠오른다. 목차는 건축 설계도와 같기 때문이다. 건축 설계도만 봐도 건물의 대략적인 형상을 알 수 있는 것과 같은 이치다.

나중에 다시 보는 경우를 줄이려면 자신만의 방식으로 정리가 필요하다. 나 같은 경우 블로그와 '에버노트'라는 노트 앱에 각각 정리한다. 블로그는 주로 읽은 책 위주로 서평을 작성하고, 에버노트는 추후 책을 쓸 때 인용할 구절과 나의 생각을 기록한다.

이런 프로그램을 자신의 스타일에 맞게 선정하여 그 내용을 정리해놓으면 나중에 그 책들을 다시 보지 않아도 된다.

우리 뇌는 컴퓨터와 흡사하다. 뇌의 메모리는 읽는 그 순간만을 기록한다. 그리고 책을 다 읽고 나면 자연스럽게 지워진다. 하지만 걱정하지 않아도 된다. 자연스럽게 뇌의 한 구석에 저장되어 있을 것이다. 이제 그것을 끄집어 낼 핵심만 정리하면 된다. 그래야 필요할 때 효율적으로 끄집어 낼 수 있다. 우리 뇌는 그만큼 효율적으로 사용하기 위해 최적화되어 왔다.

나는 이것을 흡사 콩나물 기르는 방법과 비슷하다고 하여 '콩나물 리딩'이라고 정했다. 어렸을 적 할머니가 큰 통에 콩나물 기르는 것을 본 적이 있다. 콩나물을 기르는 큰 통의 구조는 특이하다. 큰 통의 아랫부분이 뚫려있다. 할머니는 그 큰 통에 수시로 물을 부었다. 일반 화분의 경우 아래 흙이 물을 저장하여 식물에게 영양분을 주기적으로 공급해주지만, 콩나물은 그냥 물을 묻히는 수준이다. 화분의 식물이 목욕탕에 들어가는 것이라면 콩나물은 샤워한다고 생각하면 된다.

그 당시 나는 '저렇게 해도 콩나물이 자랄까?'라고 의문을 가졌다. 그러나 그렇게 주기적으로 샤워한 콩나물은 어느 순간이 되면 훌쩍 자라있었다. 너무 신기했다.

독서도 콩나물 기르는 것처럼 머리를 지식으로 샤워하는 것이다. 처음에는 기억에 남는 내용도 별로 없고, 의식이 성장하는지도 모른다. 하지만 어느 순간 자신의 의식이 훌쩍 성장해있는 것을 경험할 수 있다. 단, 전제조건으로 주기적으로 독서를 해야만 한다.

그럼 어떤 책이 성장에 도움을 줄 수 있는지 궁금할 것이다. 그건 사람마다 다르다. 그렇기 때문에 알 수 없다. 한 번의 물로 콩나물이 자라기를 바라는 것은 욕심이다. 한 권의 책으로 의식이 성장하기를 바라는 것도 욕심이다. 백 권이든 천 권이든 많은 책 속에서 보석 같은 한 권의 책을 만나길 소망하자.

독서에 정답은 없지만, 가이드는 있다. 이 가이드대로 따라할 필요는 없지만 이런 가이드를 최대한 많이 섭렵하여 자신만의 독서 방식을 만드는 것이 중요하다. 또한, 독서는 마치 결혼 상대를 고르는 것과 같다. 한 사람과 오랫동안 연애하면서 결혼 상대를 고르는 방법이 있고, 여러 사람과 다양하게 연애 하면서 결혼 상대를 고르는 방법이 있다.

어느 쪽이 더 좋다고 말할 수 없지만, 경험상 다양한 연애 경험을 통해 결혼 상대를 고르는 것이 좀 더 현명하다고 생각한다.

독서는 저자와의 만남이다. 한 명의 저자와 오랫동안 교감하는 것도 좋은 방법이겠지만, 다양한 저자와 만나는 것이 더 다양한 사고를 할 수 있도록 한다. 책을 얼마나 빨리 읽느냐는 그리 중요하지 않다고 생각한다. 하지만 책을 얼마나 읽었느냐는 매우 중요하다. 왜냐하면 『1만권 독서법』에서 인나미 아쓰시 씨가 말한 것처럼 인생은 책을 얼마나 읽었느냐에 따라 달라지기 때문이다.

2
'무심코'보다 '유심히'

꒰৹.৹꒱

책을 읽을 마음의 준비가 되었다면 그냥 수동적으로 읽기보다는 기왕이면 능동적으로 읽는 것이 좋다고 생각한다. 수동적인 읽기와 능동적인 읽기의 차이란 같은 영화를 일반 관람객이 보는 것과 영화평론가가 보는 것의 차이라고 할 수 있다. 일반 관람객은 여가를 즐기기 위해 영화를 보지만, 영화평론가는 일반 관람객이 느끼지 못한 세밀한 부분까지 관찰하며 본다.

일반 관람객이 돈을 내고 여가를 즐긴다면 영화평론가는 돈을 벌고 여가까지 즐긴다. 그리고 일반 관람객은 영화를 분석하거나 기록해야 하는 일이 없기 때문에 일반적으로 일회성 관람으로 끝나지만, 영화평론가는 분석하고 기록하기 때문에 수차례 다시 보는 경우가 많다. 이렇게 보면 영화평론가가 엄청 피곤해 보인다고 생각할지 모르지만, 대부분의 영화평론가는 영화를 좋아하고, 분석하는 것을 즐긴다. 물론 보기 싫은 영화를 봐야 하는 경우도 종종 있다.

책을 읽는 것과 쓰는 것도 마찬가지다. 독서를 일회성으로 끝낸다면 그냥 일반 독자다. 그러나 작가라면 책을 분석하고 기록해야 한다. 그럼 책을 어떻게 분석해야 할까?

'분석하면서 읽어야지.'라는 경건한 자세를 가질 필요는 없다. 그냥 평소 읽는 대로 하되, 내 머리나 마음속에 변화를 일으킬 수 있는 문장이나 단락이 있으면 기록해두자. 그리고 문장이나 단락을 기록할 때 내 생각이나 느낌도 같이 기록하자. 책에 직접 기록할 수도 있고, 따로 메모 툴(Tool)을 사용할 수도 있다.

나 같은 경우 책에 직접 기록도 해봤고, 사진을 찍어 보관도 해보았다. 그러나 가장 좋은 방법은 메모한 내용을 따로 한곳에 보관해두는 것이었다. 그래야 책을 쓸 때 자료로 활용하기 쉽다. 나는 노트 프로그램인 에버노트를 이용하는데, 이 프로그램을 사용하는 이유는 다음과 같다.

1. 검색이 자유롭다. (키워드별/태그별/날짜별/파일별/이미지별 검색 가능)

2. 작성이 자유롭다. (PC와 모바일, 태블릿 등 모두 동기화가 가능)

이 외에도 다양한 기능이 많지만 책을 쓰는 데 위의 두 가지 기능만으로 충분히 강력한 프로그램이라는 것을 써보면 알 수 있을 것이다. 무료 버전과 유료 버전이 있는데, 자료 보관용으로는 무료 버전만 사용해도 충분하다. 에버노트를 홍보하는 것은 절대 아니니 오해 없기 바란다. 마이크로소프트의 원노트나 구글의 구글킵 등 다양한 프로그램을 사용해 보았지만, 아직까지는 에버노트가 가장 유용하다고 생각하여 사용하고 있을 뿐이다.

또한, 평소 무심코 보던 것들에 대해 유심히 관찰하는 자세가 필요하다. 이런 자세는 삶에서 발생하는 많은 현상에 대해 '왜?'라는 의문을 가지는 것에서 시작된다. 유심히 관찰한 내용을 대충이라도 바로 기록하는 습관을 들이자. 이것은 나중에 책이나 다른 매체를 통해 해답을 찾는 경우가 종종 있을 것이다.

예를 들면 나는 회사를 그만두고 한동안 두려움과 불안함 등 불편한 마음으로 힘든 시기를 보낸 적이 있었다. 그 시기에는 내가 지금 이렇게 회사를 그만두고 두려움과 불안함이 생기는 이유를 남의 탓으로 돌렸다. 나의 도전을 적극적으로

도와주지 않는 아내와, 나를 좋은 가정 형편에서 기르지 못하고 경제적 지원도 적극적으로 해주지 않은 부모님 때문이라고 생각한 것이다.

그러나 그 생각이 틀렸다는 사실을 깨닫는 데 그리 오랜 시간이 걸리지 않았다. 내가 선택한 도전이고 이 어려움 또한 내가 받아들여야 한다고 생각하게 되었다. 그리고 이런 나쁜 생각이 들 때마다 그런 생각이 드는 이유와 해결 방법에 대해 궁금증이 생겼다. 그 궁금증은 우연히 『미움 받을 용기』라는 책에서 해답을 찾을 수 있었다.

『미움 받을 용기』는 너무 유명한 베스트셀러라 꼭 읽고 싶었던 책이었다. 이 책은 아들러 심리학을 철학자와 청년의 대화를 통해 풀어나가는 형식을 취하고 있다. 이 아들러 심리학의 주요 이론은 '목적론'이다. "모든 심리는 과거의 특정 현상에 의해 좌우되는 것이 아니라, 현재의 특정 목적을 이루기 위한 수단 혹은 변명일 뿐이다."라는 것이 아들러 심리학의 목적론이다. 이 아들러 심리학은 기존의 프로이트나 융의 심리학을 정면으로 반박하는 것으로, 나에게는 신선하게 다가왔다.

내가 힘든 시기에 생각했던 아내와 부모님에 대한 원망도 결국 잘 풀리지 않는 현재 상황을 정당화하기 위한 수단 혹은 변명일 뿐이라는 사실을 이 책을 통해 깨닫게 되었다. 이처럼 생활에서 무심코 느꼈던 감정이나 생각, 혹은 현상들에 대해 유심히 관찰하여 정리해두면 언젠가는 해법을 찾을 수 있다. 그리고 평소에 이렇게 유심히 관찰한 내용을 한곳에 정리해 두면 나중에 유용한 자료가 될 수 있다.

그럼 책은 어떤 식으로 읽으면 좋을까? 내가 읽는 방식은 이렇다.

나는 어렸을 때부터 낚시를 좋아했다. 직장 생활을 하는 동안은 여유가 없어 낚시를 자주 하지 못했지만, 가끔 하는 낚시는 나에게 가뭄의 단비와도 같았다. 낚시를 잘 하시는 분들은 다년간의 경험을 바탕으로 고기 잡는 포인트를 잘 알고 있다. 같은 섬에서 낚시를 하더라도 위치에 따라 고기를 잡는 양이 확연히 차이가 나는 경우가 많다. 물론 기술도 한 몫하지만 대체적으로 포인트가 고기 잡는 양을 결정한다고 생각한다. 나는 독서도 낚시와 비슷한 방식으로 하고 있다. 독서를 이제 시작하시는 분들에게는 꽤 유용할 것 같아 소개한다.

일단 초보자들은 처음 낚시를 하러 가면 자신이 생각하기에 가장 좋아 보이는 포인트에 자리를 잡는다. 그리고 낚시가 끝날 때쯤 자신이 자리 잡은 장소가 잘 안 잡히는 장소라는 것을 깨닫는다. 그리고 어떠한 장소가 좋은 장소인지 주변을 둘러본다. 당연히 고수같아 보이는 분들 중 고기를 제일 많이 잡은 사람에게 가서 물어보고 하나씩 알아가게 된다.

독서도 마찬가지다. 처음에는 내가 좋아하는 장르의 독서를 하면 된다. 처음부터 타인이 추천해주는 책이나 베스트셀러 위주로 읽으면 흥미를 잃을 확률이 높아진다. 그러나 내가 좋아하는 장르 위주로 독서를 하면 적어도 흥미를 잃는 일은 없을 것이다. 그렇게 일단 책과의 관계를 재미있는 관계로 만들어놓자.

만약 자신이 좋아하는 장르를 굳이 정하기 어렵다면 인터넷 서점이나 도서관에서 추천하는 도서 중 끌리는 제목으로 선택해도 좋다. 책과의 첫 만남은 내가 좋아하는 책으로 하는 것이 가장 좋다고 생각한다. 그리고 내가 좋아하는 책이 읽기도 편하다.

좋아하는 책을 읽다 보면 많은 정보를 얻게 되고, 더 알고 싶은 저자나 분야가 생기기 마련이다. 그때 좋아하는 책의 저자나 관련 분야를 중점적으로 읽으면 된다. 그리고 같은 저자나 같은 분야의 책을 읽다 보면 비슷한 생각이나 사례 등을 쉽게 찾아볼 수 있다. 그런 부분은 빠르게 넘어가며 읽기가 가능하다. 깊이 있는 독서를 하면서 자연스럽게 속독도 되는 것이다.

이렇게 책을 읽다 보면 어느새 꼬리에 꼬리를 물어 폭넓고 깊은 독서를 하고 있는 자신을 만나게 될 것이다.

평소 꾸준히 책 읽는 습관과 유심히 관찰하는 자세만 갖추고 있으면 책 쓰기의 기초 체력은 갖추고 있다고 생각해도 된다. 평상시 이 기초 체력을 꾸준히 키우는 길이 좋은 책 쓰기의 기본이 된다.

3
당신은 당신 인생의 전문가다

～～・～～

그럼 왜 책 쓰기를 필수적으로 해야 할까?

책 쓰기는 나의 생각, 경험, 주장 등을 세상에 알릴 수 있는 확실한 표현 수단이다. 꾸준히 독서하고 유심히 관찰하는 자세를 유지하다 보면 그동안 무심코 지나쳤던 세상의 많은 현상들이 머릿속에 들어오는 순간이 생긴다. 그런 현상들이 머릿속에서 자신의 생각과 합쳐지면 자연스럽게 표현하고 싶어질 것이다. 그때부터 하나씩 정리하다 보면 어느새 책으로 엮을 수 있는 수준이 된다.

자연스럽게 책 쓰기의 기초 체력을 키웠다면 본격적으로 책을 쓰는 기술이 궁금 해질 것이다. 이것은 마치 어릴 적 무작정 공을 가지고 운동장에서 몇 년간 놀다 보면 어느새 체력이 좋아지고, 고급 기술을 익히고 싶어지는 것과 같다. 만약 기초 체력만 키우고 기술을 배우지 않는다면 더는 발전이 없다. 마찬가지로 독서를 통해 기초 체력을 탄탄히 키웠다면 책 쓰기를 통해 자신만의 기술을 배워야 한다. 그리고 무엇보다 책 쓰기는 여러 가지 매력적인 장점이 있다. 당신의 저서를 갖게 하고, 당신을 효율적으로 알릴 수 있으며, 마음을 치유할 수도 있다.

책을 쓰기로 마음을 먹었다면 가장 먼저 드는 생각은 '과연 어떤 책을 쓸 것인가?'일 것이다. 당신이 만약 직장에서 회계 업무를 담당하는 사람이라면 회계에 대한 내용을 쓰고 싶을 것이다. 하지만 머릿속에 이런 생각이 든다.

'나는 회계에 대해 어느 정도 알고 있지만, 전문가도 아닌데…….'

물론 회계에 대한 내용만을 쓴다면 세무사나 회계사가 쓰는 게 훨씬 설득력이 있을 것이다.

하지만 걱정하지 않아도 된다. 당신은 당신 삶의 전문가다. 당신은 회계 업무를 하면서 겪은 경험이나 생각 등을 쓰면 된다. 같은 회계 업무를 했더라도 만나는 고객도 다를 것이고, 회사 특성도 다를 것이며, 모시는 상사도 다를 것이다.

이런 경험은 당신과 비슷한 고객을 만난 사람이나 비슷한 상사를 모시고 있는 사람에게 공감의 메시지를 전달할 수 있다. 자기 계발 분야의 책은 전문성도 필요하겠지만, 당신의 생생한 경험이 이제 막 회계를 시작하는 사람들에게는 더 도움이 될 수 있다. 우리가 쓰려고 하는 책은 회계 이론이 아니라, 회계와 관련된 나의 경험과 공감대다.

그럼 먼저 주제를 정해보자. 만약 회계와 관련된 자신의 경험이나 생각을 쓴다면, 주제는 '회계 업무를 하면서 어려움을 느낀 사람들을 위한 책' 또는 '회계 업무를 이제 시작한 신입 사원을 위한 책'정도가 될 수 있을 것이다.

주제를 정했다면 이제 목차를 만들 차례다. 목차를 만드는 것은 매우 중요하다. 목차를 만들었다면 책 쓰기의 50% 정도를 진행했다고 봐도 무방하다. 그만큼 목차는 중요하다는 말이다. 목차는 건축으로 치면 설계도와 같다. 건물을 세우기 전 설계도를 잘 만들어야 부실 공사를 막을 수 있다. 그래서 건축의 경우, 설계하는 시간을 많이 할애한다. 마찬가지로 책을 쓰기 전 목차를 잘 만들어놓으면 그것을 보고 글의 방향이 올바르게 가고 있는지 체크할 수 있다.

나는 글을 쓸 때 항상 목차를 와이드 모니터 왼쪽에 띄워두고 작업한다. 목차를 많이 보아야 글의 내용이 다른 길로 새는 것을 방지할 수 있다. 즉, 부실 공사를 사전에 막을 수 있는 것이다. 목차를 보지 않고 쓰다 보면 글의 내용이 점점 산으로 가는 것을 경험할 것이다. 혹시 머리가 좋아 시나리오를 모두 구상하고 있다 하더라도 목차는 수시로 보는 게 좋다. 목차를 종이로 출력하여 보는 것도 좋지만, 실제 글을 쓰다 보면 수정하는 경우가 많다. 내용의 흐름상 소제목을 추가하는 경우도 있고, 위치를 바꾸는 경우도 있다. 그러면 종이가 불편할 수 있다.

요즘은 와이드 모니터가 많이 보급되었기 때문에 왼쪽에 목차를 띄워두고, 오른쪽에 글을 쓰는 것을 추천한다. 마이크로소프트사의 윈도우10을 사용한다면 화면 분할 기능과 멀티태스킹 기능을 이용해보라. 글쓰기에 유용하다고 생각할 것이다. 화면 분할 기능은 키보드 왼쪽 하단의 윈도우 버튼을 누른 후 좌우 방향 버튼을 눌러주면 설정이 가능하다. 멀티태스킹 기능은 화면 분할 기능 적용 후 분할된 화면을 마우스 이동만으로 동시 작업이 가능한 기능을 말하며, 별도 클릭 없이 사용할 수 있다.

일반적으로 목차는 기-승-전-결의 구성이나 서론-본론-결론의 구성으로 많이 쓴다. 초반부는 문제점을 제기하거나 배경을 주로 작성하고, 중반부는 그 문제점에 대한 해법이나 대안을 제시한다. 그리고 후반부는 전체를 아우르는 나의 생각이나 결론을 작성한다.

장 제목은 보통 4~5개 정도로 구성하고, 꼭지 제목은 40개 정도로 구성한다. 그리고 한 꼭지당 A4용지 기준으로 2.5장 정도를 작성하면 된다.

그러면 A4용지 기준으로 전체 100장 정도의 분량이 나온다. 이 분량을 책으로 만들게 되면 약 250~300페이지 정도의 책이 출판된다. 하지만 이러한 구성도 가이드에 불과하다. 실제 많은 책을 읽어보면 이러한 구성이 딱 들어맞는 경우는 드물다. 특히 일본인이 쓴 책의 경우 그 구성이 매우 다양하다.

200페이지가 안 되는 책도 있고, 크기가 작은 책도 있다. 미국을 포함한 서양의 책들은 대체적으로 두껍다. 그리고 서양의 책들은 대체적으로 사실적인 내용을 위주로 기술하며, 그에 반해 일본의 책들은 감성적이다. 같은 심리학 관련 책이라도 서양에서는 연구나 실증을 기반으로 쓴 책이 많다면 일본은 감성을 기반으로 쓴 책이 많다. 우리나라는 그 중간쯤 되는 것 같다. 모든 책이 그런 것은 아니지만, 내가 읽었거나 훑어본 책들은 그랬다.

처음 글을 쓰는 사람에게는 전체 구성이 어려울 수 있기 때문에 이런 식의 가이드가 도움이 된다. 하지만 나만의 방식으로 구성해도 상관없다. 일단 쓰면서 재배치할 것을 추천한다. 글을 쓰다 보면 목차를 외울 정도로 보게 된다. 그러면 목차 구성에 대한 아이디어가 수시로 생긴다. 그때마다 여러 가지 형태로 구성해보며, 나만의 방식으로 정리해가자.

목차가 다 구성이 되었다면 이제 본격적으로 책의 내용을 쓸 차례다.

자기 계발 분야의 책에는 꼭 들어가야 할 것이 있다. 바로 저자의 생각과 그 근거다. 저자의 생각을 작성하는 것은 어렵지 않다. 자신이 평소 생각했거나 알게 된 사실에 관한 의견 등을 작성하면 된다. 하지만 근거가 가장 중요하고 찾기 어렵다. 근거는 여러 매체를 통해 수집할 수도 있고, 자신의 경험을 제시할 수 있다. 나는 주로 책과 방송(시사, 다큐 등), 인터넷을 통해 수집한다. 인터넷으로도 많은 정보를 수집하지만, 책과 방송이 신뢰성이 높다. 통계나 수치, 트렌드 같은 근거는 인터넷을 통해 찾는 것이 훨씬 효율적이고, 나의 주장에 대한 신뢰성을 뒷받침하고자 한다면 책이나 방송이 효과적이라고 할 수 있다.

방송보다는 책을 더 추천한다. 방송은 나의 주장에 대해 뒷받침할 근거로 찾는 것이 아니라, 방송을 보고 나의 주장이 생기는 경우가 많다. 그리고 방송에 출연하는 전문가도 제한적이다. 하지만 책은 나의 주장을 뒷받침하기 위해 찾아도 되고, 책을 보고 나의 주장이 생기는 경우도 있는 양방향 매체다. 그리고 무엇보다 다양한 전문가들이 책장 안에서 나를 기다리고 있다. 언제든지 내가 집어 드는 순간 나와 저자의 대화 공간이 열리게 되는 것이다. 그리고 이렇게 수집한 근거를 나의 경험과 함께 적절히 혼합하여 작성하면 된다.

4
사실과 주장은 반드시 구분해서 써야 한다

～☙.❧～

회사에서 과장이상의 직급을 부여받으면 명함 뒷부분에 'Manager'가 붙게 된다. 대리도 'Assistant Manager'라고 하여 Manager가 붙지만 말 그대로 Manager를 지원해주는 사람이다. 그래서 과장 이상부터 정식 Manager가 된다. 즉, 관리자가 되는 것이다. 그래서 내가 다녔던 회사는 신입 사원이 들어오면 일반적으로 과장 이상이 멘토가 되는 경우가 많았다. 나 역시 신입 사원이 들어와 멘토를 했던 적이 있었다.

신입 사원 중 내가 보기에 매우 똑똑한 친구가 한 명 있었다. 내가 그 신입 사원의 멘토는 아니었지만, 사내 야구 동호회 활동으로 친해지게 되었다. 그 신입 사원과 같이 주말에 야구하러 가던 길이었다. 그 신입 사원은 마침 내가 살던 집

근처에 살고 있어 같이 차를 타고 가게 되었다. 우리는 호구 조사부터 회사 이야기 등 이런저런 대화를 나누었다. 대화 중 그 신입 사원이 나에게 이렇게 물었다.

신입 사원: 과장님! 회사 생활 잘하려면 어떻게 해야 하나 요?

나: 나도 회사 생활 잘 못하는데.

신입 사원: 과장님은 잘하고 계시잖아요.

나: 음. 나도 잘 못하지만, 내가 생각하기에 한 가지만 잘 지키면 회사 생활에서 어느 정도는 인정받을 수 있어.

신입 사원: 그게 뭐예요?

나: 직장 상사에게 얘기할 때 사실과 너의 주장을 반드시 구분해서 말하는 거야. 그리고 가급적이면 사실을 먼 저 말하고, 주장을 뒤에 얘기하는 게 좋고.

신입 사원: 음. 그게 왜 그렇게 중요해요?

나: 보통 신입 사원들은 회사를 다니기 전 부모님이나 친 구와 대화를 많이 해서 사실과 주장을 막 섞어서 얘기 하거든. 근데 회사는 조직 체계상 직장 상사가 실무자 즉, 부하 직원의 말을 듣고 의사 결정을 많이 해. 부하 직원이 말할 때 사실과 주장을 명확하게 구분해주면 의사 결정을 하는 사람은 사실은 있는 그대로 받아들

이고, 주장에 대해 자신의 의견을 얘기하면서 대화가
돼.

신입 사원: 아…….

나: 그런데 사실과 주장을 막 섞어서 얘기하면 "그래서 네
가 얘기하고자 하는 게 뭔데?"라는 식의 야단을 맞게
되는 거지. 이걸 신입 사원일 때 선배들을 통해 많이 연
습해두면 나중에 습관이 되서 자연스럽게 나오는 거야.

신입 사원: 듣고 보니 그런 거 같네요.

나: 그리고 주장은 2개나 3개 정도 미리 준비해. 보통 1안,
2안, 3안이라고 하지. 직장상사들은 몇 가지 대안을 제
시하는 걸 좋아해. 그러면 너도 이 안건에 대해 생각
좀 하고 왔다는 걸 어필할 수도 있고.

신입 사원: 그러네요.

나: 마지막으로 주장에 대한 근거는 네가 따로 준비해가고,
계속 물어보면 대답하는 용도로 쓰고. 문서 작성도 앞
에서 말한 대로 사실과 주장을 구별해서 작성하면 돼.

신입 사원: 정말 유용한 스킬이네요! 감사합니다.

내가 이 신입 사원에게 이렇게 얘기했지만, 정작 나는 신
입 사원 때 그렇게 하지 못했다. 내가 회사 생활에 적응하기
시작하면서 인정받은 선배들이나 팀장님들의 행동을 관찰해

서 알게 된 것이다.

글 쓸 때도 마찬가지라 생각한다. 내가 겪은 경험이나 현상은 사실이다. 그리고 그 사실을 어떻게 받아들이고 해석하느냐는 내 주장이 된다. 그리고 내 주장에 대한 근거는 다른 책이나 방송매체, 칼럼 등이 될 것이다.

『유시민의 글쓰기 특강』에서 저자 유시민은 사실과 주장에 대해 이렇게 말하고 있다.

"말이나 글로 타인과 소통하려면 사실과 주장을 구별해야 한다. 사실은 그저 기술하면 된다. 그러나 어떤 주장을 할 때는 반드시 근거를 제시함으로써 옳은 주장이라는 것을 논증해야 한다. 논증하지 않고 주장만 하면 바보 취급을 당하게 된다. 이것이 논증의 미학을 실현하는 두 번째 규칙이다. … (중략)… 논리학이나 수학에는 공리(公理, axiom)라는 것이 있다. 증명하지 않고도 참이라고 인정하는 명제가 공리다. 유클리드기하학의 평행선 공리가 널리 알려진 사례다. 글을 쓸 때는 사실을 수학의 공리처럼 대해야 한다. 증명할 필요가 없다. 하지만 사실로 인정받지 못한 주장은 반드시 그 타당성을 논증해야 한다. 사실과 주장을 엄격하게 구별하고 다르게 취급해야 한다는 이야기다."

자기 계발과 관련된 글을 쓰다 보면 나의 주장이 많이 들어가게 된다. 소설과 같은 문학 작품이거나 단순히 나만 읽고 끝낼 책이라면 주장과 논증은 필요 없다. 그러나 독자의 공감을 불러일으켜 주장을 사실처럼 받아들일 수 있게 하는 분야의 책을 쓰는 경우라면 반드시 주장에 대한 논증이 필요하다. 이러한 논증은 앞서 얘기한 것 같이 여러 가지 방법이 있다. 그중에서 책을 통한 논증이 가장 효과적이라고 말한 바 있다.

저자는 책 한 권을 집필하기 위해 수많은 논증 자료를 수집한다. 그 자료들을 요약하고 정리하여 책 한 권이 나온다. 책을 사는 것으로 소정의 값을 지불하여 이미 논증을 거친 내용을 인용이라는 수단을 통해 사용할 수 있는 것이다. 물론 출처는 명확하게 밝혀야 한다.

책은 이렇게 수많은 사실과 주장, 논증의 집합체다. 책을 과감히 흡수하자. 그리고 내 것으로 재생산하자. 그러면 우리가 어떤 책을 쓰더라도 그 책은 풍요롭게 만들어질 것이며, 독자에게 유용한 정보도 제공할 수 있을 것이다.

5
책은 반드시 체계적으로 쓸 필요 없다

～ॐ·ॐ～

나는 회사를 그만둔 지 5개월 동안 책 쓰기 관련 서적을 약 30권 정도 읽었다. 책 쓰기 관련 서적들을 보고 나면 많은 생각을 하게 된다. 책은 어떻게 써야 할지, 책을 쓰게 되면 앞으로의 내 삶이 어떻게 바뀔지 등등. 그러다 알게 된 중요한 사실 중 한 가지, 책은 체계적으로 쓸 필요가 없다는 것이다.

대부분의 책 쓰기 관련 서적에서 얘기하는 공통적인 사항은 이렇다. 창의적인 주제를 우선 선정하고, 이 주제를 전개할 체계적인 목차를 짠다. 그리고 그 목차에 따라 대분류, 중분류, 소분류의 세부 사항들을 정리하고, 그 목차에 맞게 글을 쓴다. 그리고 자신의 주장과 주장을 뒷받침할 수 있는 논리적인 근거들을 제시하라고 한다. 다 맞는 얘기다. 하지만 처음 글 쓰는 사람들이 글쓰기를 어려워하는 부분이 바로 이

체계적으로 써야 한다는 강박관념이다. 차례대로 글 쓰는 과정을 진행하다 보면 막히는 부분이 있다. 이때가 가장 난감하다. 그러나 걱정할 것 없다. 그냥 넘어가면 된다.

내가 처음 글을 쓸 때 이 절차에 따라 주제와 목차를 오랜 시간 고심 끝에 선정하였다. 그러나 막상 글을 써보면 이 주제와 목차는 유동적으로 변하였다. 책을 한 꼭지씩 쓸 때마다, 혹은 관련된 책을 읽을 때마다 좋은 주제와 생각이 떠올랐다. 그러므로 주제와 목차를 모두 임시로 빠른 시간 내에 정하는 것이 좋다고 생각한다. 그냥 콘셉트만 벗어나지 않는다면 어떠한 주제나 목차도 괜찮다. 내가 쓰고자 하는 콘셉트만 가지고 다소 유치하거나 진부하더라도 일단 써놓고 보자. 주제와 목차는 책을 쓰는 과정에서 자연스럽게 더 좋은 아이디어들이 떠오르게 된다.

본문도 체계적으로 쓸 필요 없다. 일단 생각나는 대로 쓰자. 그 내용이 형식에 맞든 맞지 않든 상관하지 말고 쓰고 싶은 내용을 쓰자. 내용을 쓰는 과정에서 자연스럽게 이 글이 어떤 대분류로 들어가면 좋을지도 생각나게 된다. 우선 쓰는 것이 중요하지 형식과 스타일은 그때그때 상황에 맞춰 변경하면 된다.

임경선 작가의 에세이 『태도에 관하여』에서 저자는 글 쓰는 것을 업(業)으로 삼는 것에 대해 이렇게 말하고 있다.

"욕망했던 글 쓰는 일이 막상 자기 생업이 되는 순간 그 일이 기대를 배신하기도 한다. 예술은 줄 것만 같았던 자유보다 조직에서 요구되는 것 이상의 중압감을 느끼고 자기통제를 하게 된다. 저명한 작가들의 일하는 방식을 그린 인터뷰 모음집 『리추얼』만 봐도 세상에 자신의 흔적을 남긴 창작자들의 남다른 엄격함과 성실함에 현기증이 날 지경이다. 앞날에 그 어떠한 기약이 없어도 자기의 규율을 만들어 시간을 허투루 보내지 않고 글을 썼다. 예술을 하는 사람이라고 하면 밤늦게까지 술이나 담배를 하면서 글을 쓰고 글이 도중에 풀리지 않으면 영감을 얻겠다는 핑계로 훌쩍 여행을 떠날 것 같지만 대부분의 창작자들은 매일 정해진 시간에 책상으로 출근했다.

비가 오나 날이 맑으나, 숙취에 시달리든 팔이 부러졌든, 그 사람들은 그저 매일 아침 8시에 자기들의 작은 책상에 앉아 할당량을 채우지요. 머리가 얼마나 텅 비었건 재치가 얼마나 달리건, 그들에게 영감 따윈 허튼소리.

작가 레이먼드 챈들러는 에세이 『나는 어떻게 글을 쓰게 되었나』에서 시크하게 말한다. 영감이 떠오르든 말든 일단 정해진 시간에 책상에 앉는 사람만이 글을 쓸 수 있는 것이다."

글 쓰는 과정은 운동을 배우는 과정과 흡사하다. 가령 축구를 예를 들어보겠다.

남자라면 대부분 축구를 해보았을 것이다. 안 해본 사람이 있다면 다른 운동을 생각해보기 바란다. 우리는 축구를 처음 배울 때 국가대표 훈련처럼 하지 않는다. 체계적인 훈련을 받지 않고 그냥 단순히 공을 차는 행위와 친구들과 함께 놀 수 있다는 점에 매료되어 축구를 하게 되었을 것이다. 만약 처음 배울 때부터 체계적인 훈련을 배웠다면 아마 금방 지쳐 재미를 잃었을 것이다.

책도 그렇다. 처음부터 너무 체계적으로 잘 쓰고자 하면 금방 지치게 되어있다. 책 쓰는 과정은 짧게는 몇 달에서 길게는 몇 년이 걸리는 긴 작업이기 때문에 우리가 그동안 지치지 않고 임무를 완수하려면 우선 재밌어야 한다. 모든 일은 처음 할 때 의욕이 넘쳤다가 시간이 지나면 점점 의욕을 잃게 된다. 그 의욕을 잃지 않으려면 지치지 않는 체력이 있어야 하고, 오래도록 재미를 느껴야 한다.

지치지 않는 체력을 가지려면 매일매일 조금씩이라도 글을 쓰는 습관을 들이는 것이 좋다. 어느 작가의 말처럼 글은 엉덩이로 쓰는 것이라 했다. 어떻게든 책상에 엉덩이를 붙이는 시간을 늘려야 한다. 일단 엉덩이를 붙이고 나면 글을 쓰든 생각을 하든 상관없다. 글은 당신의 라이프 스타일에 맞춰 낮이든 밤이든 상관없이 쓰자. 매일매일 조금씩 언제라도 쓴다고 생각하고 실천하면, 어느 순간 당신의 글쓰기 체력은 몰라보게 향상되어 있을 것이다.

또한, 재미를 느끼려면 책 쓰는 과정이 재밌어야 한다. 여기에는 두 가지 방법이 있다. 한 가지는 미래를 상상하며 재미를 느끼는 방법이 있고, 또 한 가지는 내 마음대로 쓰면서 재미를 느끼는 방법이 있다. 이 두 가지 방법을 병행하면서 책을 쓰는 것이 가장 효과적이다.

첫 번째, 미래를 상상하며 재미를 느끼는 방법은 로또를 사고 한 주 동안 즐거운 상상을 하는 것과 비슷하다. 로또를 사는 사람들은 대부분 로또에 투자하는 몇천 원의 가치보다 당첨되었을 때를 상상하는 즐거움이 셀 수 없이 크기 때문에 산다고 한다. 이와 같이 책을 쓰고 나면 나의 삶이 어떻게 변하게 될지 상상하면서 글을 쓰면 훨씬 더 재미있게 글을 쓸 수 있다.

두 번째, 내 마음대로 쓰면서 재미를 느끼는 방법은 글 쓰는 형식에 너무 얽매여 쓰는 것보다 일단 내가 하고 싶은 대로 쓰면서 재미를 느끼는 것이다. 책에는 다양한 장르가 존재한다. 즉, 어떤 식으로 쓰든지 상관없다는 얘기다. 장르 정도만 정하고 자신이 쓰고 싶은 생각을 조금씩 써보자. 그리고 다양한 책을 읽으면서 어떤 식으로 써나갈지 정리해나가면 된다.

책에는 이 세상의 모든 것들이 담겨 있다. 당신이 마음만 먹으면 책 쓰는 방법뿐만 아니라 경제, 문화, 종교, 철학, 자기 계발 등 다양한 전문가에게 엄청난 조언을 받을 수도 있다. 그리고 그 다양한 전문가들의 엄청난 조언을 내 머릿속에 하나하나 새겨 넣고 정리하여 하얀 A4용지에 나만의 생각을 그려나가면 된다.

사실 글 쓰는 일이란 여러분이 생각하는 것보다 훨씬 즐거운 일이고, 그 즐거움이란 글을 써본 사람만이 느낄 수 있는 최고의 가치다. 그리고 책은 체계적으로 쓰면 좋지만, 그것은 내공이 쌓인 후 가능한 일이라고 생각한다.

반드시 체계적으로 써야 한다는 고정관념은 버리고, 지금 이 순간 어떠한 내용이든 쓰는 것이 훨씬 더 중요한 일이다.

6
하루에 한 권 읽고, 한 꼭지 쓰기

∽๑·๏

막상 컴퓨터 화면에 하얀색 커서가 깜빡이면 뭐부터 작성해야 하는지 모르는 분들이 있다. 『비서처럼 하라』로 유명한 조관일 작가의 『탁구영의 책 한 권 쓰기』에서 책 쓰기의 어려움에 대해 이렇게 얘기했다.

"'작가의 장벽'이라는 것이 있다. 정신적으로 어떤 장벽에 막혀서 작가가 글을 한 줄도 쓰지 못하는 상황을 일컫는 말이다. 이 경우, 글쓰기를 직업으로 삼은 작가는 자포자기나 의욕 상실에 빠지기도 한다. 그런데 그런 장벽을 느끼는 것은 실제로 작가의 능력이 부족해서가 아니라는 것이다. 글을 잘 쓸 수 없을 것 같은 작가 자신의 생각 때문일 경우가 많다.

즉, 사람들을 감동시킬 좋은 작품을 쓸 에너지나 영감이 없다고 지레 판단함으로써 앞이 꼭 막히는 느낌을 갖게 된다.

그 장벽을 무너뜨리는 요령은 의외로 간단한다. 글쓰기의 대가들이 가르쳐주는 요령에 따르면 '아무렇게나 무조건 글을 쓰는 것'이다. 일단 쓰기 시작하면 된다는 말이다. 글을 쓰지 않고 생각만 하면 할수록 장벽이 거대하게 느껴지고 나중에는 결코 허물 수 없는 철벽으로 생각되어 좌절하고 만다."

조관일 작가의 말처럼 그냥 쓰고 싶은 것을 쓰자. 오늘 있었던 일이나 문득 들었던 생각 혹은 감정을 일기 쓰듯 편하게 쓰면 된다. 그리고 썼던 내용들 중 더 깊이 있게 쓰고 싶거나 해답을 찾은 경우 자세히 살을 붙여 한 꼭지를 만들 수 있다.

그럼 한 꼭지는 어느 정도 써야 하나? 한컴오피스 한글에 글자체는 바탕체, 폰트 크기는 10pt를 지키는 것이 좋다. 왜냐하면 나중에 원고 투고 시 출판사에서 요구하는 기준이기 때문이다.

한 꼭지는 A4 기준으로 2.5장 정도 쓰면 된다. 나는 처음에 한 꼭지를 쓰는 데 일주일 정도 걸렸다. 쓰고 싶은 말은 많은데 쓰다 보면 정리가 안 됐다. 주제에서 벗어난 적도 많았다. 문맥도 생각한 것과 많이 달랐다. 자주 쓰던 단어도 맞는지 틀렸는지 혼동됐다.

예를 들면 '자기 개발'과 '자기 계발' 중 어느 것이 맞는 표현인지 헷갈렸다. 네이버 국어사전을 보면 개발은 '지식이나 재능 따위를 발달하게 함.'의 뜻을, 계발은 '슬기나 재능, 사상 따위를 일깨워 줌.'의 뜻을 나타내는 말이라 나와 있다. 그리고 『표준국어대사전』은 개발과 계발을 비슷한 말로 보고 있다고 한다. 둘 다 가능한 표현이다. 내가 지금 쓰고 있는 책 분야는 자기 계발 분야다.

아무튼 이런저런 단어도 헷갈리고, 문맥도 이상한 부분이 많았다. 이러한 문제를 해결하는 방법은 책을 많이 읽는 것이다. 책을 많이 읽다 보면 내가 글을 쓰면서 어려웠던 부분이 눈에 들어오기 시작한다.

나는 이 책을 쓰는데 참고 서적 40권 정도를 읽었다. 여기서 15권 정도는 직접적인 근거로 쓰였다. 그럼 나머지 25권은 버려졌는가? 그렇지 않다. 나머지 25권도 인용할 부분과 나의 의견을 간략하게 기록해 놓았다. 다음 책을 쓸 때 사용하기 위해서다. 이렇게 평소 조금씩 정리하다 보면 많은 생각들이 모이게 된다.

나는 목표를 '하루에 한 권 읽고 한 꼭지 쓰기'로 했다. 이 책의 예정 소요 기간을 보면 대략 4개월 정도다. 그럼 4개월을 기준으로 하면 사흘에 한 꼭지를 완성했다는 계산이 나온다. 독서는 평균적으로 이틀에 한 권 정도 읽은 것 같다. 앞으로 좀 더 숙련과정을 거치면 하루에 한 권을 읽고, 한 꼭지 쓰는 경지에 이르게 될 것이다.

자신의 경험을 바탕으로 '1년 365권 독서 프로젝트'를 진행하고 있는 이지성 작가는『독서 천재가 된 홍대리』에서 이 프로젝트를 진행하는 이유에 대해 이렇게 말하고 있다.

"『독서 천재가 된 홍대리』는 1년 365권 독서 프로젝트에 성공하는 것으로 끝나지 않는다. 그것에 도전하는 것으로 결말을 맺는다. 이유는, 그 독서가 전혀 쉬운 것이 아니기 때문이다. 물론 단지 하루에 한 권 읽는 것은 그리 어렵지 않을 수 있다. 하지만 '눈'과 '머리'가 아닌 '심장'과 '몸'으로 하는 1년 365권 독서는 어.렵.다. 아니, 자기 자신과의 극한의 투쟁을 요구한다. 그렇기 때문에 1년 365권 독서를 제.대.로. 마친 사람은 뇌의 사고하는 방식을 바꿀 수가 있는 것이다."

『독서 천재가 된 홍대리』의 '1년 365권 독서 프로젝트'와 나의 목표인 '하루에 한 권 읽고 한 꼭지 쓰기'는 유사하다고 볼 수 있다. 하지만 '1년 365권 독서 프로젝트'는 장기적인 관점에서 진행하는 목표고, '하루에 한 권 읽고 한 꼭지 쓰기'는 단기적인 관점에서 진행하는 목표다. 이 비유가 적절한지 모르겠지만, 마라톤과 100미터 달리기로 비유하면 쉽게 이해가 갈 것이다. 마라톤과 100미터 달리기는 기록 경신을 위한 훈련 방법이 완전 다르다.

마찬가지로 '1년 365권 독서 프로젝트'와 '하루에 한 권 읽고 한 꼭지 쓰기'는 목표를 달성하기 위한 훈련 방법이 다르다. '1년 365권 독서 프로젝트'는 1년 중 한 권을 읽는 날도 있을 것이고 여러 권 읽는 날도 있을 것이다. 즉, 페이스를 조절하면서 진행하는 것이 마라톤과 비슷하다. 그러나 '하루에 한 권 읽고 한 꼭지 쓰기'는 오늘 하루에 초점이 맞춰져 있으므로 1년 365권을 읽지 못하는 경우가 생긴다. 그리고 100미터 달리기 선수처럼 금방 지칠 수 있는 단점도 가지고 있다.

어떠한 방식이든 그것은 중요하지 않다. 당신의 선택과 꾸준히 실행할 수 있는 그릿(Grit)을 가지는 것이 무엇보다 중요하다는 점을 강조하고 싶다.

7
나를 성공으로 안내해줄 영업 라인

꩜

나는 전 직장에서 영업사원이었다.

그렇기 때문에 영업의 중요성과 힘든 점, 한계 등을 나름 잘 알고 있다고 생각한다. 영업은 제품이나 기술에 대한 지식을 갖추는 것은 기본이고, 기존 고객 관리와 신규 고객 확보, 시장조사 등의 다양한 일을 해야 한다. 그 다양한 일 중에서 가장 힘든 것은 구매 의사가 없는 사람의 마음을 움직여 제품을 팔아야 하는 일이라고 생각한다.

제품을 잘 팔기 위해서 제품의 성능과 기술을 공부해야 하고, 기존 고객은 미우나 고우나 잘 관리해야 한다. 하지만 신규 고객을 만나 제품을 파는 것은 어렵고 힘들다. 일단 그 고객이 어떤 사람인지 잘 모르고, 구매 의사가 없는 경우가 대부분이기 때문에 호의적이지 않다.

나의 경우 단품을 파는 경우는 거의 없었고, 대부분 신규 사업을 통해 시스템을 구축하는 기술영업이라 신규 사업 자체를 만들기가 어려웠다. 신규 사업을 만들려면 담당자를 만나야 하는데, 담당자가 만나기조차 꺼려하는 경우도 있고, 만나더라도 어색한 대화만 하고 오는 경우도 많았다. 그러나 그것이 다른 한편으로 매력적이기도 했다. 내가 나름의 노하우로 사람 마음을 움직일 수 있다는 것은 매우 큰 매력이자 동기부여가 되기도 하였다.

내가 영업을 처음 시작하면서 가장 많이 물어본 것 중 하나가 "어떻게 하면 영업을 잘할 수 있나요?"였다. 그때는 영업을 잘하고 싶은 의지와 욕망이 강했던 시기라 빠른 길로 가고 싶었다. 그 질문에 많이 들었던 조언 중 하나가 바로 "영업은 절대 단기간에 잘하려고 하지 마라."였다.

다른 영업팀장님들이나 본부장님, 그리고 사장님까지 직접 겪은 바로 영업은 꾸준히 오랜 시간 공을 들여야 결실이 맺어진다고 했다. 영업이란 사람의 마음을 움직이는 일이기 때문에 단기간에 잘하려고 하면 상대방에게 신뢰를 얻기 어렵다는 것이다. 즉, 아무리 좋은 제품을 가졌어도 고객의 마음을 얻지 못하면 쓸모없는 물건이 되고, 조금 모자라도 고객의 마음을 얻으면 훌륭한 제품이 되는 것이라고 했다. 맞는 얘기라고 생각했다. 그래서 가급적 제품에 대한 홍보보다 먼저 사람의 마음을 얻는 영업을 해야겠다고 다짐했다.

고객의 마음을 얻기 위해서는 가장 기본적으로 갖추어야 할 조건이 있다. 그것은 파는 제품에 대한 신뢰와 가치다. 이 두 가지는 판매에 있어 매우 중요한 요소다.

이 두 가지 요소의 중요성은 애플의 아이폰 시리즈와 삼성전자의 갤럭시 시리즈 광고를 비교해 보면 쉽게 알 수 있다. 지금까지 애플 아이폰 광고를 자세히 살펴보면 사용자의 경험과 가치를 변화시킨다는 것이 주된 요지라는 것을 알 수 있다. 그에 반해 삼성전자의 갤럭시 시리즈 광고는 일등 기술을 가진 일등 제품임을 강조하고 있다. 요즘 삼성전자의 갤럭시 시리즈 광고도 많은 변화를 담아 고객의 경험과 가치를 반영하고자 노력하는 모습이 보이지만, 몇 년 전까지만 해도 삼성전자의 갤럭시 시리즈 광고는 그랬다.

사실 두 제품 모두 기술적 수준은 자타가 공인하는 세계 1등 제품이다. 두 제품 모두 추구하는 기술적 방향이 달라 어떤 제품이 일등 제품이고 어떤 제품이 이등 제품이라고 말할 수 없다. 그러나 판매량이나 고객의 충성도를 보면 애플의 아이폰이 압도적이다. 왜 그럴까?

답은 파는 제품에 대한 가치 부여를 누가 더 잘했느냐에 있다. 앞서 말했듯 애플의 아이폰은 사용자 경험과 가치를 변화시키고자 만들어진 제품이다. 그러나 삼성전자의 갤럭시는 일등 기술을 가진 제품으로 만들어졌다. 만들 때 그렇게 생각하지 않았다 하더라도 고객이 보는 광고에 가치를 그렇게 부여한 것이다. 이러한 관점에서 보면 애플의 아이폰은 나의 경험과 가치에 유용한 제품이고, 삼성전자의 갤럭시는 최고 기술 수준을 자랑한 제품에 불과하다. 그러면 고객이 어떤 제품을 선호할지에 대한 답은 분명하다.

나는 이제 책이라는 제품을 통해 나의 생각, 사상, 지식 등을 팔기로 결심했다. 책이라는 하드웨어에 내가 알고 있고 경험한 내용, 즉 소프트웨어를 심어 세상에 팔아야 한다. 그렇다면 어떻게 해야 이 제품이 잘 팔릴 수 있을까?

답은 분명하다. 고객의 경험과 가치에 유용한 제품을 만들면 된다. 혹시 당신도 책을 쓰기로 결심했다면 이 점을 제일 먼저 생각해두기 바란다. 물론 기본적으로 출간 계획도 잘 세워야 하고 좋은 소프트웨어도 지속적으로 개발해야 한다.

이 장 서두에 언급했다시피 책을 쓰는 스킬은 다른 책에서 충분히 습득할 수 있다. 내가 이 장에서 말하고 싶은 것은 책을 쓰기로 마음을 먹었다면 반드시 잘 팔리는 책을 쓰라는 것이다. 잘 팔리는 책이란 결국 좋은 소프트웨어를 바탕으로 고객의 경험과 가치에 유용한 제품이라고 말할 수 있다.

『부의 추월차선』에서 저자 엠제이 드마코는 이렇게 말했다.
"영향력의 법칙에 따르면, 당신이 통제하는 범위 안에서 더 많은 인생에 영향을 미칠수록 당신은 더 부자가 된다. 간단히 말하자면 이렇다. 수백만 명에게 영향을 미치면 수백만 달러를 번다.

당신은 얼마나 많은 사람의 마음을 움직여 보았는가? 당신의 일, 당신의 자산, 당신의 작품으로 이득을 본 사람은 누구인가? 당신은 그동안 어떤 문제를 해결해왔는가? 당신은 사회적으로 어떤 가치를 갖고 있는가? 당신이 가진(또는 갖지 못한) 돈의 양이 곧 당신 스스로가 증명한 가치의 양이다."

내가 쓴 책과 당신이 쓴 책, 그리고 앞으로 우리가 쓰게 될 책이 얼마나 많은 사람의 마음을 움직일 수 있는지 알 수 없다. 그렇게 쓴 책은 이제부터 우리를 성공으로 안내해줄 영업사원이 될 것이다. 이 영업사원이 독자에게 얼마나 공감을 얻을 수 있는지에 따라 성공의 크기가 달라질 것이다.

나는 이전 영업사원으로 많은 사람의 마음을 움직이기 위해 노력했다. 그러나 나의 만남에는 한계가 있었다. 하루에 만날 수 있는 사람이 정해져 있었던 것이다. 즉, 시간적 한계와 공간적 한계를 극복할 수가 없었다. 그러나 책은 그 시간적 한계와 공간적 한계를 뛰어넘는 훌륭한 제품이자 영업사원이다.

저자 엠제이 드마코가 『부의 추월차선』에서 언급했듯 우리가 얼마나 많은 사람의 마음을 움직일 수 있느냐와 우리는 사회적으로 어떤 가치를 가지고 있느냐에 따라 우리의 성공은 달라진다. 나는 이제 스스로의 가치를 책으로 증명하고자 한다. 책으로 얼마나 많은 사람들의 마음을 움직이고 가치를 제공할 수 있을지 모르지만, 어떤 이에게는 분명 도움이 될 것이다. 그리고 도움이 되는 사람이 많아지도록 끊임없이 좋은 책을 만들 것이다.

독서와 책 쓰기가 꼭 당신에게 부와 명예를 줄 수 있다고 말하고 싶지 않다. 부디 부와 명예를 위해 책을 읽고 써야 한다고 생각하지 않았으면 한다. 그러나 독서와 책 쓰기가 적어도 다음 장에 언급할 행복은 가져다줄 수 있다고 확신한다. 당신이 책을 얼마나 읽고 썼느냐에 따라 당신의 의식이 달라지고, 그 달라진 의식 수준에 따라 삶의 행복도 달라지기 때문이다. 평범한 나도 책을 통해 변해가면서 삶의 행복을 점점 찾아가고 있으니 말이다.

5장
당신도 나도 행복해질 수 있다

길은 모두에게 열려있다고 한다. 하지만 길이 있다는 사실조차 모르는 사람들이 많다. 나도 그중 한명이었다. 세상에는 많은 길이 있지만, 직장을 다니고 직장에서 성공하는 길 외에 알고 있는 길이 없었다. 그래서 걸어갈 엄두도 못 냈다. 직장을 그만두면 어차피 걸어야 할 길임에도 불구하고.

1
자신을 바라볼 줄 알아야 행복해진다

～∂.℮～

    행복의 가장 큰 전제조건은 자신을 바라볼 줄 알아야 한다. '자신을 바라본다'는 의미는 자신을 남 보듯 바라볼 수 있어야 한다는 뜻이다. 어떻게 자신을 남 보듯 바라볼 수 있는 걸까? 그 말의 힌트는 언론인이자 왓칭을 전파하는 왓칭 메신저 김상운 님의 저서 『직장인을 위한 왓칭 수업』에서 얻을 수 있었다.

    "모든 생각은 빠짐없이 현실로 투사됩니다. 현실이라는 영화를 모두 진실이라는 전제로 보면 나는 끝까지 영화 속의 등장인물로 살아야 해요. 등장인물이 겪는 모든 상처를 의식하지 못한 채 껴안고 살아가야 합니다. 하지만 내 현실이 모두 내가 만든 영화라고 생각하고 보면, 나는 영화를 바꿔볼 수도, 새 영화를 만들어볼 수도 있지요. 상처에서 벗어나 새로운 삶을 맞이할 수 있는 겁니다.

다시 말해 우리는 지금 영화 속의 한 등장인물처럼 아주 좁은 시야로 작은 마음을 지닌 채 영화 속에 갇혀 살아갈 수도 있어요.

반대로 영화 전체를 멀리서 바라보는 큰마음을 갖고 살아갈 수도 있는 겁니다. 이처럼 우리의 마음은 인간의 두뇌만큼 아주 작아질 수도 있고, 거꾸로 우주 전체를 품을 만큼 무한히 커질 수도 있어요. 또한 마음이 커지면 커질수록 불가능하다고 여겼던 일들의 경계도 쉽게 허물어버리게 되지요. 놀랍지 않습니까? 이것이 바로 관찰자 효과, 왓칭이 일으키는 기적입니다."

그럼 왓칭을 어떻게 해야 할까?

마음속의 '진짜의 나'와 '진짜인 척하는 나'를 분리시켜야 한다. '진짜의 나'는 하고 싶은 대로 하는 나이다. '진짜인 척하는 나'는 하고 싶은 대로 하며 살고 싶지만, 남들의 시선을 고려해 적당한 선에서 타협하며 살아가는 나이다.

중학교 3학년 때 고등학교 진학과 관련한 상담을 위해 나와 부모님과 선생님이 한자리에 앉았다. 부모님과 선생님은 아주 간단히 나를 인문계 고등학교로 진학시키기로 결정하섰다. 하지만 나는 실업계 고등학교를 가고 싶었다. 당시 나의 꿈은 자동차 정비소 사장님이 되는 것이었다. 정비소 사장님이 되려면 정비자격증을 취득해야 하고, 정비소에서 많은 경험을 쌓으며 지식과 돈을 모아야 한다고 생각했다.

그러나 나는 말 한 번 못 꺼내보고 인문계 고등학교로 가야만 했다. 부모님과 선생님이 실망하는 모습을 보고 싶지 않았기 때문이다.

여기서 '진짜의 나'는 실업계 고등학교로 진학하여 내 꿈을 위해 달려가는 나이고, '진짜인 척하는 나'는 부모님과 선생님이 실망하는 모습이 보기 싫어 대학교에 가서 정비 기술을 배워야겠다고 타협하는 나이다.

어느 한쪽이 옳다고 볼 수 없다. 상황에 따라 결과는 달라질 것이다. 나는 이 두 가지 상황을 모두 선택할 수 없다. 둘 중 한 가지만 선택해야 한다. 여기서 대부분의 사람은 '진짜인 척하는 나'를 선택한다. 왜냐하면 그것이 주변 사람들에게 피해를 끼치지 않는 선택이며, 내가 원하는 꿈은 적당한 시기를 봐서 실행하면 된다고 생각하기 때문이다. 그리고 그 선택은 먼저 경험하신 분들의 진심 어린 제안이고, 다수의 의견이기 때문에 확실하다고 믿는다.

이런 선택은 안전하기는 하나 확실히 동기부여가 없다. 최악의 경우, 나를 괴롭히기도 한다. 나중에 선택이 잘못되거나 평범한 인생을 살게 되면 '진짜의 내가 선택한 길로 가볼걸.' 하는 후회가 든다. 그래서 다시 진짜의 내가 원하는 선택을 하는 경우도 있다. 지금 내가 그렇다. 중학교 당시 진짜의 내가 원하는 선택을 하지는 않았지만, 그냥 평범하게 살아온 인생에 대해 많은 회의감을 느끼고 있다.

어차피 한 번 사는 인생이다. 한 번 사는 인생이니까 시간 낭비 하지 말고, 진짜의 내가 원하는 삶을 선택해보자. 진짜의 내가 원하는 선택을 해야 후회하는 일도 적고, 다시 돌아가는 오류도 줄어든다. 그리고 얻는 것도 더 많아진다.

나는 자기 계발에 관련된 많은 책을 읽었는데, 자기 계발과 관련된 대부분의 책은 자기 계발을 통해 자신을 성장시키고, 자신의 성장을 통해 성공을 이룰 수 있으며, 성공을 통해 행복을 누릴 수 있다고 말한다. 결국은 돈, 명예, 성장, 자유 등 모든 것은 자신의 행복을 위해 존재해야 한다는 것을 알 수 있다. 그리고 이 모든 것을 갖기 위해 가장 중요한 요소로 마음 자세를 강조하고 있다.

이 마음 자세는 크게 두 가지로 분류할 수 있다.

첫 번째는 부정적인 생각이 들 때 가지는 마음 자세다. 부정적인 생각을 통제할 때 효과적인 방법이 관찰자적인 마음 자세를 갖는 것이다. 앞서 얘기한 왓칭이 부정적인 생각을 통제하기 위한 대표적인 방법이다. '진짜의 나'와 '진짜인 척하는 나'를 분리하여 보면 '진짜인 척하는 나'의 부정적인 마음은 별것 아니라는 사실을 금방 깨닫게 된다. 우리가 직장 동료나 친구를 위로할 때를 생각해보면 쉽게 이해가 갈 것이다. 직장 동료나 친구가 힘들어 할 때 진심을 다해 상대방을 위로해주지만, 사실 그 내용을 자세히 살펴보면 대부분이 크게 걱정할 정도는 아닌 경우가 많다. 자신의 문제일 때는 주변의 모든 상황을 고려하여 여러 가지 가정을 생각하게 된다. 그러면 이 여러 가지 생각들이 얽혀 당초의 본질이 아닌 다른 방향으로 흘러가는 경우가 많다. 그러나 제3자의 입장에서 보면 부정적인 생각의 본질만을 생각하게 된다. 주변 상황을 모르기 때문이다. 관찰자적 자세는 이렇듯 본질에 집중함으로써 부정적인 생각의 원인을 쉽게 해결할 수 있게 만드는 것이다.

두 번째는 긍정적인 생각이 들 때 가지는 마음 자세다. 긍정적인 생각이 들 때 가지는 마음 자세는 '무조건'이다. 조건이 없다는 얘기다. 이것은 긍정적인 것을 얘기하는 모든 책에서 일관되게 말하는 내용이다. 대표적으로 일본의 유명 심리상담사 고코로야 진노스케의 저서를 들 수 있다. 이 저자의 책은 전 세계적으로 300만 부 이상 팔린 초베스트셀러다. 대부분의 내용은 무조건 하고 싶은 대로 하며 살라는 것이다. 비단 고코로야 진노스케의 저서뿐만 아니라 다른 많은 책에서도 성공을 위해 가장 중요한 요소로 '꿈은 무조건적으로 생생하게 그리고 도전하라.'고 말한다.

결국 행복이나 성공을 얻기 위해서는 자신을 어떻게 바라봐야 하는지, 어떻게 긍정적인 생각으로 마음을 채울 수 있는지가 가장 핵심이라고 할 수 있다.

김상운 님의 저서『직장인을 위한 왓칭 수업』에서 얘기했듯이 모든 생각은 빠짐없이 현실로 투사된다. 따라서 긍정적인 생각만 하면 현실은 긍정적으로 바뀌게 되는 것이다.

2
가족과 건강을 동시에 얻는 방법

⬿.⬾

나의 가족은 나와 아내 그리고 6살 난 딸, 이렇게 세 명이다. 직장을 다닐 때 나도 여느 아빠들처럼 주중에는 야근과 회식으로 인해 가족과 함께할 수 있는 시간이 거의 없었다. 그나마 주말이 유일하게 가족과 함께할 수 있는 시간이었다.

일요일 오전은 아내와 딸이 교회를 가기 때문에 혼자만의 늦잠을 잔다. 일요일 오전을 제외하면 많은 시간을 가족과 보내고자 노력했다. 특히 토요일은 딸과 나, 둘만의 시간이 많다. 당시는 맞벌이라 아내는 주로 토요일에 친구들이나 친정 식구들과 놀러 가는 약속을 잡았다.

아내가 없는 토요일이면 나는 딸과 함께 집 근처 키즈카페를 갔다. 키즈카페는 또래 아이들이 많아 딸이 너무 좋아했다. 그리고 무엇보다 내가 편했다. 키즈카페 안에 딸아이를 방목해놓으면 2~3시간 정도는 자유롭다. 이때 나는 구석 한 편에서 잠을 자거나 핸드폰을 했다. 가끔 딸이 자고 있는 나를 깨워 먹고 싶은 것을 사달라고 조르곤 했다. 그러면 먹고 싶은 것을 사주고 나는 다시 잤다.

키즈카페에서 다 놀고 집으로 오면 아이가 보고 싶어 하는 TV 프로그램을 틀어줬다. 그리고 나는 잠시 핸드폰을 만지다가 이내 다시 잤다. 그러다 아내가 돌아오면 딸을 아내에게 넘겼다. 그리고 TV를 다시 보다가 잠을 잤다.

그렇다. 나는 주말이면 늘 잤다. 잠은 자도 자도 부족했다. 그렇게 토요일과 일요일에 잠으로 채운 에너지를 다시 월요일에 직장에서 쏟아냈다.

언제부터인가 교외로 놀러 다니는 횟수도 줄었다. 교외로 차를 몰고 나가려 하면 차 막힐 생각에 벌써부터 피곤이 몰려왔다. 그렇게 가족과의 주말은 어느 순간 잠으로 채워지기 시작했다.

내가 직장을 그만두고 가장 많이 변한 것이 가족과의 시간이다. 직장 다닐 때는 항상 자고 있는 딸을 잠깐 보고 출근해야 했다. 그러나 지금은 많이 바뀌었다. 일어나자마자 딸을 어린이집에 보낼 준비를 하면서 대화는 시작된다. 딸아이는 아침잠이 많아서 그런지 아침에 일어나는 것을 무척 싫어한다. 그러면 살살 달래서 깨운 뒤 딸을 안고 세수하러 간다. 세수를 다 하면 옷을 입히고, 근처 사시는 장모님 댁으로 가서 밥을 먹인 후 어린이집 차에 태워 보낸다.

오후 4시 30분이 되면 딸은 집으로 돌아온다. 돌아온 딸은 나에게 그날 어린이집에서 일어난 일들을 쉴 새 없이 말한다. 처음에는 건성으로 대답했는데, 이제는 어린이집에서 일어나는 일과 친구들의 이름을 대부분 알고 있다. 어쩌다 딸이 아무 말도 없으면 내가 먼저 물어보기도 한다. 또 예전에는 어떤 프로그램인지 전혀 몰랐던 어린이 프로그램들을 이제는 많이 알게 되었다. 그렇게 딸과의 대화는 점점 많아졌고, 나는 딸아이의 세상을 조금씩 알아가게 되었다. 처음에는 내 마음처럼 아이가 움직이지 않아 많이 힘들었다. 그러나 몇 달 동안 매일 그렇게 준비하다 보니 요령도 생겼다. 그리고 애를 키우는 게 이렇게 힘든 건지 새삼 알게 되었다.

나는 직장 생활을 하면서 가족들의 삶에 무관심했다. 딸과 최대한 많이 놀아주고 싶었지만, 나의 심신은 지칠 대로 지쳐있었다. 그러다 보니 딸과의 대화는 점점 귀찮아졌다. 물론 아내의 생활에 대해서도 알지 못했다.

딸이 6살이 되기까지 양육은 아내와 장모님께 맡겨두었다. 다른 엄마들도 다 애를 도맡아 키우니까 당연하다고 생각했다. 그러나 실제 아이와 생활해보면 아이의 삶은 생각보다 복잡했고, 아이의 성장에 아빠가 미치는 영향은 실로 크다는 것을 느끼게 되었다.

아이의 체력은 내가 생각했던 것보다 더 왕성했다. 아이와 놀아주는 것이 육체적으로 많이 힘들었다. 그래서 아이와 같이 놀 수 있는 두 가지 방안을 강구했다.

첫째, 아이와 놀 수 있는 체력을 키우자. 아이와 놀다 보면 처음에는 의욕적으로 아이와 같이 활동한다. 그러나 아빠는 곧 지치고, 아이는 아직 왕성한 활동을 요구한다. 그때부터 아빠에게는 노는 것이 아닌 노동이 되는 것이다. 그래서 나는 헬스장을 1년 장기 계약으로 끊었다. 꾸준히 다닌 결과 지금은 아이와 하루 종일 놀 수 있을 만큼 체력을 키웠다. 그리고 헬스기구도 몇 개 구입하여 아이와 같이 놀이처럼 운동한다. 자연스럽게 내 체력은 물론 아이와의 유대관계도 좋아졌다.

둘째, 아이도 나도 함께 재밌는 것을 찾자. 내가 아이를 '놀아준다'고 생각하면 나는 재미가 없어지고, 그때부터 다시 노동이 시작된다. 아이와 같이 노는 것이 아빠의 의무가 되어서는 안 된다. 나와 아이가 함께 재밌게 놀 수 있는 것을 찾아야 한다. 그래서 생각해낸 것이 보드게임이다. 보드게임은 남녀노소 누구나 재밌게 할 수 있다. 그리고 생각보다 보드게임은 다양하다. 영유아가 할 수 있는 단순한 것부터 어른도 생각을 많이 해야 하는 것까지 다양하다. 아이의 연령에 따라 선택하면 된다.

보드게임은 뇌와 손을 쓰기 때문에 아이의 성장에도 많은 도움을 준다. 무엇보다 보드게임은 아이의 창의성도 높여주고, 자연스럽게 TV와 핸드폰을 보는 시간도 줄여준다. 또한, 우연찮게 우리 아이의 숨겨진 재능을 발견할 수도 있다. 이런 다양한 긍정적 효과를 누릴 수 있는 보드게임을 적극 추천한다. 지금은 딸아이가 어린이집을 마치고 오면 보드게임부터 찾는다.

이런 노력은 아내에게 많은 도움을 준다. 실제 아내도 100%는 아니지만, 상당히 만족한다고 말하고 있다. 아마 직장 생활을 더 했더라면 이런 생각은 꿈에도 하지 못했을 것이고, 반복된 악순환으로 인해 가족과 건강 모두 잃었을 것이다.

지금 가족과 건강을 생각하는 삶으로 인해 생각보다 많은 것을 얻은 느낌이다. 나는 다른 직장인 아빠처럼 그리고 남편처럼, 직장 생활을 열심히 하여 가족들이 좀 더 좋은 것을 입고 먹게 하는 것이 가장 중요한 임무라고 생각했다. 만약 당신이 나처럼 직장 생활에 많은 시간을 할애하고 있다면 다시 한번 진지하게 생각해보기를 바란다.

뭣이 중헌지.

직장 생활은 한번 잃어도 다시 이직하거나 직업을 바꾸는 방법을 통해 회복이 가능하다. 하지만 가족과 건강은 한번 잃으면 회복하기 힘들다. 그리고 바꾸기는 더욱 힘들다. 늦었지만, 나는 심신이 건강해야 가족과 행복하게 살 수 있다는 사실을 직장을 그만두고 나서야 비로소 알게 되었다.

3
오랫동안 즐겁게 사는 비법

～э.℮～

구글에서 제공하는 '구글 포토스'라는 프로그램이 있다. 자신이 찍은 사진을 평생 동안 무제한으로 저장할 수 있는 공간을 제공하는 프로그램이다. 물론 1600만 화소의 이미지와 1080p의 동영상까지는 무제한 저장이 가능하지만, 이 용량을 넘는 이미지나 동영상은 구글 드라이브에 저장되는 사실상 제한이 있는 무제한 서비스다. 아무튼 이 서비스는 출시되었을 당시 엄청난 선풍을 일으킨 서비스다. PC나 핸드폰을 사용하는 모든 사람의 사진을 무제한으로 저장할 수 있는 공간을 제공한다는 사실만으로 구글은 지구상의 유일무이한 기업임에 분명하다.

구글 포토스의 많은 기능 중 대표적으로 재미난 기능이 콜라주와 애니메이션 기능이다. 이 두 기능은 비슷한 사진을 묶어서 재미난 형태로 바꿔주거나 움직이는 형태로 만들어 주는 기능이다. 지금은 다른 경쟁 회사들도 이 기능을 구현하고 있지만, 구글 포토스가 출시되었을 당시 이 기능은 그야말로 신세계였다.

내가 왜 이 구글 포토스의 콜라주와 애니메이션 기능을 소개하였는가 하면 우리 머릿속에도 이 콜라주와 애니메이션 기능이 있기 때문이다. 우리의 뇌는 비슷한 기억을 콜라주와 애니메이션처럼 한꺼번에 묶어서 저장한다.

만약 평생 동안 우리의 인생이 같은 패턴이면 뇌는 이것을 어떻게 저장할까? 당연히 묶어서 저장한다. 그러면 우리의 기억은 아주 단순해진다. 기억해야 할 내용 중 다른 특이한 점이 없기 때문에 큰 단위로 묶어 머릿속에 저장한다. 그렇게 되면 우리는 죽을 때쯤 옛 기억이나 추억을 떠올려 보면, 별로 한 것도 없이 인생이 빨리 지나갔다고 느끼게 될 것이다. 하지만 우리의 일상이 특별하다면 묶어서 기억하기 어려워지고, 전체적인 기억의 용량도 아주 커진다. 그러면 같은 나이를 살더라도 체감하는 인생의 길이는 길어질 것이다. 이것은 아주 간단한 예를 통해서도 알 수 있다.

나는 특별한 경우를 제외하고 거의 매일 밥을 먹는다. 지금까지 먹어온 밥 중 아주 생생히 기억하는 밥이 있다. 군대 훈련소에서 둘째 날 먹은 밥이다. 그날 먹은 밥과 반찬까지 생생히 기억하고 있다. 1998년 11월 3일, 지금으로부터 약 18년 전에 먹은 밥이다. 이때 먹은 밥을 어떻게 기억할 수 있을까?

나는 1998년 11월 2일 해군 기초군사학교(해군 훈련소)에 입소하였다. 입소한 첫날은 짐정리와 소대 배치로 정신없이 지나갔다. 첫날 식사는 대부분의 장병들이 군대에 왔다는 인식을 하지 못해 조금밖에 먹지 못한다. 당시 군대 짬밥은 일반 식당보다 떨어지는 수준이기 때문이다. 그러나 하루 정도만 지나면 거의 걸인처럼 먹게 된다. 군대 훈련소는 하루 종일 몸을 쓰게 만든다. 잠깐의 휴식을 제외하고, 가만히 두는 경우가 없다. 하루 종일 몸을 쓰게 되면 정말 '돌아서면 배고프다.'라는 말을 몸소 체험하게 된다. 혈기왕성한 나이에 하루를 대충 먹었고, 몸도 많이 썼으니 당연히 다음 날은 밥때만 기다려진다. 그러나 내 기억에 조교는 야속하게도 둘째 날 아침과 점심시간을 10초 정도 준 것 같았다. 정확하게 두 번의 숟가락질과 함께 식사가 끝났다. 오후 과업 중에는 정말 밥 생각만 했던 것 같다.

이렇게 조교가 밥 먹는 시간까지 길들이는 이유가 있다. 시간 엄수와 잔반 처리 때문이다. 군대에서는 시간 엄수가 곧 생명이다. 처음 가면 제일 먼저 몸에 익히는 것이 시간 엄수에 대한 훈련이다. 종영되었지만, 한때 인기 있었던 〈진짜 사나이〉라는 프로그램을 보면 잘 알 수 있다. 그리고 군대는 모든 것이 국민의 세금으로 운영되기 때문에 모든 물건을 아끼고 소중히 다루는 훈련을 한다. 잔반 처리는 그중 하나라고 볼 수 있다.

이러한 훈련은 군대 밥을 민간인 시절 먹어온 밥과는 전혀 다른 밥으로 머릿속에 각인시켰다. 정확하게 얘기하면 밥이 달라진 것이 아니라 환경이 달라진 것이다. 식사 시작 후 10초 만에 식사 끝을 외치는 조교의 강한 한마디. 강압적인 분위기에 눌려 한 숟가락도 먹지 못했던 동기. 먹은 것도 소화 못 시킨 상황에 허겁지겁 한 숟가락 더 먹으려는 나. 그와 같은 환경이 그때 기억을 생생하게 머릿속에 각인시킨 것이다.

나는 여기서 한 가지 재밌는 사실을 알게 되었다. 그것은 나의 뇌에 훈련소 2개월의 기억이 자대에서 생활한 2년의 기억보다 훨씬 더 많이 저장되어 있다는 사실이다. 훈련소는 하루이틀 간격으로 다른 훈련을 받는다. 거의 매일 새로운 장소에서 새로운 훈련을 받는다. 하지만 자대에서 생활할 때는 거의 같은 장소에서 같은 훈련을 받게 된다. 이것이 훈련소 2개월의 기억이 자대 2년의 기억보다 뇌에 많이 남아 있는 이유다. 물리적인 시간은 훈련소 생활이 자대 생활보다 월등히 짧지만 심리적인 기억의 시간은 훈련소 생활이 더 길다.

나는 최근에 한 방송을 보고 그 이유에 대해 더 확신을 가지게 되었다. TVN에서 방영한 〈어쩌다 어른〉이라는 프로그램에 출연한 인지심리학자 김경일 교수는 심리적으로 시간이 빨리 간다고 느끼는 이유에 대해 이렇게 말했다.

"다양한 경험을 많이 한다는 것이 얼마나 중요하냐면…… 오래 사는 비결이다. 같은 80년, 100년을 살아도 더 오래 살았다고 생각하게끔 만드는 비결이다. 우리가 물리적인 수명도 있지만, 심리적으로 긴 인생과 재밌는 인생을 살아야 내 인생을 길게 느낄 수 있다. 반대로 단편적이거나 비슷한 경험만 하면 필연적으로 인생의 체감 속도가 빨라진다. 스티브 잡스는 다양한 경험이 중요하다고 강조한 바 있다. 그는 컴퓨터 종사자들이 가장 부족한 건 지식이 아니라 다른 경험이라고 했다. 경험이 없어서 지식을 연결시키지 못하는 것이다."

나는 39세가 되어서야 시간이 빨리 가는 이유를 알게 되었다. 그동안 나는 다양한 경험을 하지 못했다. 28세까지 학교와 집을 반복적으로 왔다 갔다 하며 지냈고, 38세까지 회사와 집을 왔다 갔다 하며 지냈다. 당연히 시간이 빠르게 간다고 느낄 수밖에 없는 생활 패턴이었다. 물론 그 안에서 나름 다양한 경험을 하려고 노력했지만, 지금 생각해보면 크게 기억에 남는 경험을 많이 못한 것 같다. 그래서 나는 기억에 남는 경험을 많이 저장하기 위해 책과 여행을 선택했다. 김경일 교수도 다양한 경험을 위해 여행을 하고 취미를 가지라고 조언했다.

나는 여행과 더불어 책을 권하고 싶다. 책과 여행은 유사한 점이 많다. 여행이 직접적인 경험을 제공한다면 책은 간접적인 경험을 제공한다. 그리고 책과 여행은 나를 되돌아볼 수 있는 시간을 제공하고, 깨달음을 얻게 해준다.

여행은 직접적인 경험을 통해 느끼는 바가 크지만, 직업이 아닌 이상 매일 여행을 다닐 수 없다. 그러나 책은 매 순간 경험이 가능하다. 그래서 여행을 가지 않은 시간에 틈틈이 책을 통해 다양한 간접 경험을 하는 것이 바람직하다고 생각한다. 그리고 여유가 된다면 자주 여행을 다니고, 여행 중 자투리 시간에 책을 읽는 것이 가장 이상적이다.

만약 크게 기억에 남은 경험이 많지 않다면 지금부터 책과 여행을 가까이 하기 바란다. 이렇게 책과 여행을 가까이 하는 것이 당신을 오랫동안 즐겁게 살도록 하는 최고의 비법이 될 것이다.

4
경로를 이탈해도 너무 걱정하지 마세요

❧∙❧

2년 전 오랫동안 타고 다녔던 구형 중고 아반떼를 팔고, 신형 중고 아반떼를 샀다. 보통 남자들은 차를 사게 되면 한동안은 차에 푹 빠져 살게 된다. 남자들에게 차는 여자들의 가방과 같은 존재다. 나도 한동안 차에 푹 빠져 살았다. 인터넷으로 이런 저런 기능을 익히고 필요한 액세서리들을 샀다. 내가 차에 빠져있는 동안 아내도 궁금했는지 차에 관심을 보이기 시작했다.

사실 아내는 몇 년 전 오토바이와 부딪치는 큰 사고를 낸 뒤부터 운전을 안 하고 있는 상태다. 충격이 컸는지 그때는 아예 운전대를 잡지 않겠다고 했다. 그런데 시간도 많이 지났고, 차도 새로 샀던 터라 운전이 하고 싶어진 모양이다. 그래서 아내를 데리고 운전도 가르칠 겸 동네를 몇 바퀴 돌았다. 다행히 아내는 이제 운전이 할 만하다고 했다. 그래서 가끔 외출해 술을 먹게 되면 아내에게 운전을 시키곤 했다.

여느 때처럼 나는 술을 먹고 아내에게 운전대를 맡겼다. 그리고 내비게이션의 목적지를 집으로 설정하고 잠시 잠이 들었다. 아내가 갑자기 나를 다급하게 부르는 것이다. 순간 신호위반이나 속도위반 카메라에 찍힌 줄 알았다. 하지만 내비게이션에서 나오는 친절한 아가씨 목소리.

"경로를 이탈하였습니다. 재탐색하겠습니다."

내비게이션이 우회전을 하라고 했는데 직진했다는 것이다. 큰일 난 것도 아닌데 호들갑 피운다고 한소리 했다. 아내는 나한테는 큰일이라고, 운전도 아직 잘 못하는 사람한테 운전대 맡겨놓고 잠이 오냐고 도리어 큰소리를 쳤다. 순간 미안한 마음이 들었다. 그래서 얼른 미안하다고 사과했다. 사실 길을 잘못 들었다는 것이 나한테는 별일 아니지만, 아내에게는 큰일일 수 있겠다는 생각이 들었다.

운전을 어느 정도 할 줄 아는 사람은 길을 잘못 들었다고 당황하지 않는다. 다만 약간 돌아갈 뿐이라고 생각한다. 시간이 더 걸릴 수 있지만, 큰일은 아니다. 그러나 아내처럼 운전을 잘 못하는 사람에게는 길을 잘못 드는 것이 큰일일 수 있다.

그럼 운전을 잘하는 사람은 어떤 사람일까? 내가 생각하기에 다음의 세 가지 요소를 충족할 때 운전을 잘한다고 생각한다. 능수능란한 차선 변경과 주차 능력, 길에 대한 숙지가 그것이다. 능숙한 차선 변경과 주차 능력은 운전 실력을 말하고, 길에 대한 숙지는 방향감각을 말한다. 즉, 운전 실력이 있고 방향감각만 좋으면 어떤 길을 가든 당황하는 일은 없다고 볼 수 있다.

옛날 내비게이션이 없던 시절에는 이 방향감각이 운전 실력을 좌우하는 큰 요소였다. 물론 지금은 내비게이션이 있기 때문에 방향감각이 조금 떨어져도 누구나 어렵지 않게 목적지에 도달할 수 있다. 그러나 초보 운전자는 내비게이션이 있어도 불안하거나 당황하는 경우가 많다. 왜냐하면 초보 운전자는 자신의 운전 실력과 방향감각을 믿지 못하기 때문이다.

아내처럼 우회전해야 하는 길에서 직진하였다고 완전히 반대로 가는 것은 아니다. 설령 완전히 반대로 갔다 하더라도 유턴하여 다시 돌아가면 된다. 자신이 가야 할 목적지에 대한 방향감각이 있으면 약간 돌아가도 길은 나온다는 것을 알고 있다. 그러나 초보 운전자는 길을 잘못 들어서면 마치 목적지에 가지 못할 것 같은 불안감에 휩싸이게 된다.

우리 인생도 마찬가지다. 인생 내비게이션에 최종 목적지를 잘 설정해 놓았고, 자신의 실력을 믿고 있다면 그 어떤 길을 가더라도 두렵지 않다. 우회전 하는 길에서 직진해도 여유가 생기는 것이다. 운전을 잘하기 위해서는 다양한 길을 경험해봐야 한다. 고속도로도 가봐야 하고, 국도도 다녀보아야 한다. 우리 인생도 마찬가지로 다양한 경험을 통해 인생의 운전 실력을 키워야 한다. 매일 똑같은 목적지를 똑같은 길로만 다니면 새로운 길을 가거나 내비게이션이 알려주는 방향과 다른 방향으로 갔을 때처럼 당황스러운 상황에 유연하게 대처하기가 어렵다.

『미움 받을 용기』로 유명한 저자 기시미 이치로는 『행복해질 용기』에서 행복에 관해 이렇게 말했다.

"'지금은 가짜 인생이지만 이것만 이루면 진짜 인생이 시작된다.'는 식의 사고방식이 아니라, 지금 이 순간이 리허설이 아닌 '진짜 인생'이라고 생각해야 한다. …(중략)… 인생에서는 분명히 길을 잃고 헤매는 경우가 있다. 하지만 이상을 '길잡이 별'로 삼는다면 금세 길을 찾을 수 있다. 그렇다면 인생에서 만나는 모든 사건이 이상에 도달하기 위한 과정에서 일어나는 셈이 되고, 일시적으로 쓰러질지언정 절망하지는 않을 것이다. 이 점을 이해한다면 매 순간에 발목을 잡히지 않고 또 다른 일을 시작할 수 있다. 최종적으로 달성해야 할 이상이야말로 궁극적인 목표이자 '행복'이다."

나는 중학교나 고등학교 때 어른들에게 이런 말을 자주 들었다.

"대학교 가면 네가 원하는 것 모두 할 수 있다. 그러니까 지금은 공부 열심히 해서 좋은 대학교 가야 한다."

그러나 지금 생각해보면 대학교에 가도 내가 원하는 것을 대부분 하지 못했다.

내가 대학교에 입학하자 IMF 사태가 터졌다. 할 수 없는 상황이었다. 모두들 적당히 공부하다 군대를 갔고, 군대 전역 후 취업난을 극복하기 위해 열심히 또 공부해야만 했다.

어른들은 또 취업해서 돈을 벌면 많은 것을 할 수 있다고 했다. 그래서 열심히 공부해서 취업했다. 그러나 취업 후 결혼 준비를 위해 돈을 모아야 했다. 열심히 돈을 모아 결혼했다. 이제 성공하면 모든 행복이 찾아올 것이란 기대로 살고 있다.

나는 지금까지 '○○○을 이루면 행복해질 것이다.'라는 기대감으로 살아왔다. 하지만 그것은 기시미 이치로가 얘기한 "지금은 가짜 인생이지만 이것만 이루면 진짜 인생이 시작된 다."는 식의 잘못된 사고방식이었다. 나 스스로가 지금까지 살아온 인생을 가짜 인생으로 만들고 있었던 것이다. 지금까 지 살아온 인생도 진짜 인생이고 앞으로 살아가야 할 인생도 진짜 인생이다. 진짜 인생은 내일 혹은 내년에 일어나는 것 이 아니다. 지금 이 순간이 진짜 인생이다.

앞으로 보다 행복한 진짜 인생을 살기 위해 마음속에 인생 내비게이션 하나 정도 마련해두도록 하자. 기왕이면 내비게 이션도 너무 딱딱하게 "경로를 이탈하였습니다. 재탐색하겠 습니다."라고 말하는 것보다 "경로를 이탈하셨는데, 너무 걱 정하지 마세요. 곧 새로운 길로 안내해드릴게요."라고 말하 는 감성적인 내비게이션을 마련하도록 하자. 만약 인생 여행 에서 우회전해야 할 때 직진했더라도 이 감성이 풍부한 내비 게이션이 당황하지 않도록 해줄 것이다. 그리고 차선 변경과 주차 능력을 기르고 길을 틈틈이 익혀 숙지하도록 하자. 그 러려면 다양한 길을 다녀보아야 한다. 이러한 조건들이 갖춰 지면 당신은 눈앞에 펼쳐진 다양한 풍경을 즐기는 여유를 부 릴 수 있을 것이다.

만약 당신이 목적지에 빨리 도착해서 좀 더 행복하고 즐거운 여행을 할 수 있기를 기대한다면 그 기대는 잠시 미뤄둬라. 당신이 길을 잘못 들어 당황하느라 지금의 풍경을 놓친다면, 목적지에 도착해서 행복하고 즐거운 여행을 할 수 있을 거란 장담은 누구도 할 수 없기 때문이다.

5
좋아하는 일만 하며 살기로 결심했다

～•～

　나는 영업사원이었다. 내가 다니던 직장에서는 영업을 해야 높은 자리에 올라갈 수 있고, 높은 자리에 올라가야 부와 명예가 보장된다고 들었다. 그래서 대다수의 직장 동료들은 영업사원이 되기를 희망했다. 나는 영업사원이 되었다.

　영업사원도 서비스업에 해당된다. 감정 고갈이 심한 직종이다. 고객의 비위를 맞춰야 하고, 협력 업체와의 관계를 돈독히 해야 한다. 그러면서 사내 직원들도 챙겨야 한다. 누구 한 명이라도 비협조적으로 나오게 되면 사업에 차질이 생긴다. 그래서 관련된 사람들과의 관계를 잘 관리해야 한다. 사람들과 잘 협력하여 입찰에 참여하고 사업을 수주해서 완료하면 보람도 꽤 큰 직업이다.

나는 어느 순간부터 이 관계가 불편하게 느껴졌다. 무슨 이유 때문인지 정확히 모르겠지만, 사람들과의 관계가 불편해졌다. 그렇다고 일을 못 할 정도로 관계가 악화된 것은 아니다. 그냥 마음 한구석에 불편함이 느껴졌다. 그런 불편한 마음 때문인지 자연스럽게 일도 싫어졌다. 그래서 그동안 앞만 보고 달리던 자세를 고쳐 뒤도 돌아보는 계기를 마련해보려고 했다. 나에겐 휴식이 필요했다. 그래서 여행도 가보고 야구에 미쳐보기도 하고, 자격증이나 영어 공부도 해보았다. 그 순간에는 스트레스도 풀리고 몸과 마음도 충전되는 듯했지만 그 충전은 오래가지 못했다. 계속 뭔가가 부족하게 느껴졌다.

앞서 3장 3절에서 언급했듯이 이 시기에 김병완 작가의 『나는 도서관에서 기적을 보았다』를 만나게 되었다. 초반부를 읽을 때는 '아! 이렇게 사는 사람도 있구나.' 하는 정도의 작은 울림을 느꼈다. 하지만 읽으면 읽을수록 작가의 상황에 감정이입 되었다. 책을 다 읽고 난 후 그 울림은 오래갔다. 그래서 검증을 해보기로 했다. 이 사람만의 특별한 상황인지, 아니면 다른 사람도 겪는 상황인지 확인하고 싶었다. 그때부터 책 쓰기와 관련된 열 권의 책을 더 읽어보았다. 의외로 많은 사람들이 작가, 강연가 등으로 활발히 활동하고 있었다. 너무 신기했다. 나는 그동안 책을 쓰는 사람은 가난하고, 가난하지 않은 이가 있다면 자기 과시를 위한 책을 쓴 사람 정도일 거라고 생각했다. 책을 제대로 읽어보지 않고 편견만 가지고 있었던 것이다.

학교 다닐 때는 책 읽는 것을 무척 싫어했다. 교과서나 참고서를 읽는 것도 싫은데 다른 책을 읽는다는 건 상상할 수도 없는 일이었다. 그렇게 자연스레 책과의 거리는 멀어져 갔다. 당연히 도서관하고도 인연은 없었다. 나에게 도서관은 두 가지 이미지를 가지고 있었다. 첫째는 성적이나 자격증을 따기 위해 시험공부 하러 가는 곳, 둘째는 항상 들어갔다 하면 항문에 신호를 주는 곳이었다. 왜 그런지는 모르겠으나 나는 도서관에 들어가면 항상 항문에 신호를 느꼈다. 지금 생각하면 항문에 힘이 풀릴 정도로 마음의 안식을 주는 곳이라는 생각이 문득 든다. 나에게 도서관은 그 정도의 기억이 있는 장소였다.

이제 나에게 도서관은 직장이자 휴식의 장소가 되었다. 책 읽는 것은 직업이고, 휴식이다. 책 읽는 동안은 그 어떤 잡념도 생기지 않았다. 나에게 책 읽는 것은 일과 휴식을 동시에 즐길 수 있는 매력적인 작업이었다.

책을 읽는 행위는 저자와 독자의 1:1 미팅이다. 나는 영업을 하면서 많은 사람들과 만나왔다. 좋아하는 사람도 있고, 싫지만 업무상 만나야 하는 사람도 있다. 싫지만 좋아하는 척해야 하는 경우도 있고, 좋지만 상처 주는 일을 해야 하는 경우도 있었다. 그러나 책은 나에게 싫어하는 것을 강요하지 않는다. 상처 주는 일도 없다. 오히려 좋아하는 것을 마음껏 하라고 조언하는 좋은 친구도 되어주고, 마음의 상처를 치유해주는 정신과 전문의가 되어주기도 한다. 영업보다 책이 좋은 이유가 여기에 있다.

독서를 통해 내가 좋아하는 사람과 만날 수 있고, 내가 관심이 있는 분야에 대해 대화도 나눌 수 있다. 전적으로 나의 선택에 따라 지식과 감성을 채울 수 있다. 이것은 매우 중요하다. 지금까지 내가 받아온 교육이나 배워온 방식은 일방통행이었다. 책을 읽는 것은 곧 학습이었고, 학습은 곧 재미없는 것이었다. 이 재미없는 행위를 일방적으로 받아들여야만 했다. 그러니 책은 직장을 가지면서부터 다시는 보기 싫은 존재가 될 수밖에 없었다.

하지만 지금은 독서가 좋아하는 일이 되었다. 좋아하는 일에는 계기가 있다. 그것이 우연일 때도 있고, 노력의 결과일 때도 있다. 나는 앞서 말한 대로 우연히 만난 책 한 권에 호기심이 일었고, 관련된 열 권의 책을 통해 사실을 받아들일 수 있는 마음 자세를 갖게 되었다. 이 마음 자세는 백 권 이상의 책을 읽는 원동력이 되었고, 백 권 이상의 독서는 의식 변화의 계기가 되었다. 앞으로 더 많은 저자와 더 다양한 주제로 만날 생각을 하니 벌써부터 마음이 설렌다.

나는 지금까지 좋아하는 일을 업(業)으로 삼는 것은 특별한 사람들의 전유물이라고 생각했다. 연예인이나 가수, 여행가, 외교관 등 특별한 재능이 있거나 경험이 있는 일부 사람들만 가능한 일이라고 말이다. 그러나 이제는 조금 알 것 같다. 가장 중요한 것은 받아들이는 마음 자세와 계기를 갖는 것이다. 특별한 재능도 필요하고 경험도 필요하다. 하지만 이 모든 것에는 우연이든 필연이든 계기가 있어야 한다. 이런 계기는 우연한 기회에 찾아올 수도 있지만, 적극적으로 받아들이고 수용하는 마음 자세를 가졌을 때 찾아올 확률이 높아진다.

일본의 유명한 심리상담사 고코로야 진노스케는 『좋아하는 일만 하며 사는 법』에서 이렇게 얘기했다.

"세상에는 열심히 일하지 않으면 존재 가치가 없다고 믿는 사람들이 많습니다. 그래서 좋아하는 일을 제쳐두고 아등바등 일만 하지요. 그와 달리 '나는 좋아하는 일만 하며 살아가도 인정받을 수 있다'고 믿는 사람도 있습니다. 이들은 그 무리에서 쓰윽 빠져나와 신세계를 맛보게 됩니다. 즉 지금까지 바라보았던 세상과는 완전히 다른 경치가 펼쳐지는 것이죠.

예를 들자면 밑바닥에서 순식간에 꼭대기로 올라간 느낌이랄까요? 꼭대기에 올라가면 마찬가지로 꼭대기로 올라온 사람들을 만날 수 있습니다. 그 사람들이 이쪽으로 오라며 손짓합니다. 성공한 사람끼리, 행복한 사람끼리 사이좋게 지내며 어려울 때 도움을 주고받는 거죠. 왜 그럴까요? 그 이유는 같은 위치에서 같은 경치를 바라보는 '동료'이기 때문입니다."

그리고 이 책의 들어가는 말에서 저자는 이런 얘기도 남겼다.

"좋아하는 일만 하며 살아가는 것, 설레는 일만 하며 살아가는 것은 언뜻 보면 즐거울 것 같지만, 알고 보면 엄청나게 즐거운 일입니다(웃음)."

내 머릿속에는 이 말을 썼을 당시 저자의 마음과 모습이 그려졌다.

'나도 저렇게 엄청나게 즐거운 일만 하며 살아가고 싶다.'

지금부터라도 늦지 않았다고 생각한다. 저자는 싫은 일은 멈추고, 좋아하는 일을 시작하면 인생이 바뀐다고 말한다. 좋아하지 않는 일은 당장 그만두고, 좋아하는 일만 하라고 했다. 그리고 절대 의심하지 말고, 누군가의 동의나 허락도 필요없이 그냥 믿고 행동하라는 것이다. 그러나 좋아하는 일을 어떻게 찾고 어떻게 해야 하는지는 나와 있지 않았다. 그건 아마도 좋아하는 일을 찾고 실천하는 방법은 사람마다 다르기 때문일 것이다. 일단 좋아하는 일만 하며 살아가겠다는 마음 자세가 가장 중요하다는 것이 저자의 주장이다.

  난 이 저자의 책을 처음 봤을 때 '뭐 이런 사람이 다 있어. 사람이 좋아하는 일만 하고 살면 얼마나 좋겠나. 하지만 세상이 그렇게 호락호락해? 너무 비현실적인 주장만 하고 있잖아.'라고 생각했다. 너무 터무니없는 주장만 늘어놓고 있는 것 같았다. 의심만 쌓여갔다. 그래도 이 책이 좋았던 이유는 아주 쉽게 읽히고, 밑도 끝도 없지만 강렬한 동기부여를 받는 것만 같았기 때문이었다. 사람 마음을 동하게 만드는 묘한 재주가 있는 저자란 생각이 들었다. 그래서 저자의 다른 책도 읽어보았다. 비슷한 맥락으로 주장을 펼치고 있었다. 이렇게 저자가 펴낸 책들을 읽으면서 일단 긍정의 마음 자세를 가지는 것이 가장 중요하다는 것을 알게 되었다.

속는 셈 치고 책에서 하라는 대로 해봤다. 처음에는 큰 변화를 느끼지 못했지만 시간이 지나면서 내 마음속에 작은 변화들이 생겼다. 바로 두려움이 차츰 사라지고 있는 것이다. 정확하게 표현하면 좋아하는 일만 하려고 노력하다 보니 두려움을 느끼는 시간이 상대적으로 줄어들게 되었다. 좋아하는 일만 생각하는 시간이 늘어난 것이다.

내가 직장인이었을 때 나를 생각하는 시간은 길어봐야 30분 남짓이었다. 하지만 직장을 그만두고 나니 나를 돌아보는 시간이 길어졌다. 처음에는 이렇게 나를 돌아보는 시간들이 행복하고 좋았다. 하지만 점차 이 시간은 두려움으로 채워지기 시작했다. 이러한 두려움을 줄이는 방법으로 긍정적인 마음 자세를 가지는 것이 아주 효과적이라는 것을 알게 되었다. 그래서 나는 좋아하는 일만 하며 살기로 결심했다.

당신도 지금부터 좋아하는 일만 하며 살아보겠다는 마음 자세를 한번 가져보기를 권한다. 어려운 것은 없다. 돈이 들어가는 것도 아니다. 그냥 생각만 하는 것이다. 혹시 머릿속에 불안한 생각이나 두려운 생각이 가득 있다면 더욱 좋다. 일단 무조건 좋아하는 일만 하며 살아보겠다고 생각만 하자. 그리고 이 생각이 현실로 바뀌는지 안 바뀌는지 검증해보자. 당분간은 검증이 끝날 때까지 나만의 비밀로 간직하고 있자.

그렇게 검증이 끝나면 현실로 옮길지 마음속에 묻어둘지 결정할 수 있을 것이다.

"어떤가? 쉽지 않은가?"

밑져야 본전이다. 당장 시작해보자. 삶의 변화가 조금이나마 느껴진다면 성공이다. 그것이 당신의 성공에 있어 시발점이 될 것이다.

6
잘못 찍은 인생도 잘 편집하면 행복해진다

　내가 영업을 할 때 물심양면으로 많은 도움을 주었던 협력회사 사장님이 있었다. 그 사장님과 우연찮게 한강 다리 밑에서 맥주를 먹었던 적이 있었다. 사장님은 지금까지 살아오면서 겪은 많은 얘기를 들려주셨고, 그 이야기들은 한편의 드라마와 같았다.

　내가 사장님처럼 크진 않지만 강한 중소기업을 운영해보고 싶다고 했더니 사장님은 "절대하지 마!"라고 하셨다. 살아오면서 저지른 가장 큰 실수가 사업과 담배라고 생각한다 말씀하셨다는 것이다. 사업과 담배는 닮은 점이 많다고 하셨다. 둘 다 몸에 해롭고, 중독성이 강하기 때문에 끊기가 어렵다. 그리고 사업과 담배는 끊으려고 마음을 먹을 때는 몸과 마음이 만신창이가 된 경우가 많다. 그래서 둘 다 가족에게 많은 아픔을 준다. 그러면서 애초에 시작하지 않는 것이 가장 좋다고 하셨다. 혹시나 할 마음이 있으면 각오 단단히 하라는 당부까지 남기셨다.

사장님이 사업을 시작하였을 때 나이가 40대 초반이었다고 했다. 당시 내가 34살이었으니 7~8년 후쯤 사업을 시작한 셈인데, 아마 지금 내 나이쯤부터 사업에 대해 생각하신 듯했다. 생각은 많았지만, 막상 실천에 옮기는 것은 그리 쉽지 않았던 것 같다고 하셨다. 그러면서 내 나이대가 사회를 어느 정도 알고 있고, 가장 겁이 없을 때라고 하셨다. 하지만 그때 가장 조심해야 된다고, 사장님도 강한 확신과 자신감이 있어서 이 사업을 시작했지만 힘든 시간을 많이 보냈고, 시대적 상황이나 환경이 맞아야 잘 풀린다고 조언하셨다.

사장님도 크고 작은 고비를 수차례 넘기고 지금까지 회사를 유지하고 있지만, 어느 순간 회사가 어려워질지 모른다고 하셨다. 회사가 어려워지면 가장 힘든 것이 가족과 직원들을 보는 것이라고 하셨다. 어려워진 회사를 일으켜 세우기 위해 주말도 없이 이곳저곳 다니는 것은 어렵지 않지만, 가족과 직원에게 희생을 강요하는 것은 정말 어려운 일이라는 것이다. 사장님은 회사를 운영하면서 가장 잘한 일은 아직까지 직원들 월급을 미루지 않은 일이라고 하셨다. 다만 회사가 어려워 가족들에게 많은 희생을 강요한 것은 정말 미안한 일이라고 덧붙이셨다.

사장님은 내가 진짜 사업을 하고 싶다면 말리지 못하겠지만, 정말 수십 번 다시 생각해보고 신중히 결정하라며 진심 어린 충고를 하셨다. 자신은 아직도 후회하고 있다며, 만약 예전 대기업 직원으로 돌아간다면 틈틈이 공부해서 전공 분야의 교수가 되고 싶다는 꿈도 언급하셨다. 하지만 후회한다고 달라지지도 않고, 그냥 지금 이 자리에서 승부를 볼 수밖에 없다고 하셨다. 자신이 잘해야 가족과 직원들이 먹고살 수 있기 때문에 앞만 보며 달릴 수밖에 없다는 것이었다.

나는 그 이야기를 듣는 내내 안타까운 마음이 들었다. 씁쓸한 우리네 아버지 모습을 보는 것 같기도 하고, 앞으로의 내 모습을 보는 것 같기도 했다. 나는 그 시간 이후로 사업에 대한 생각을 다시 하게 되었다.

내가 힘든 것은 참을 수 있다. 그러나 가족이 힘든 것은 참기가 어렵다. 내가 좋아하는 것을 하고 싶다고 다른 사람의 자유와 행복을 빼앗고 싶지 않다. 사업이라는 것도 잘살고 행복하자고 하는 것이다.

스타 강사이자 소통의 달인인 김창옥 님의 저서『당신은 아무 일 없던 사람보다 강합니다』에 나온 말을 인용하면 이렇다.

"연기 자체를 바꿀 수는 없어요. 이미 산 삶을 바꿀 수는 없어요. 못 돌려요. 그런데 우리는 자꾸 돌이킬 수 없는 삶에 대한 후회와 원망, 그 사건을 일으킨 인간에 대한 미움과 분노로 내 삶을 깎아 먹고 있어요. 하지만 그 삶에 대한 종합 편집권은 우리에게 남아있습니다. 그 시간을, 그 사건을 어떻게 바라볼 것인지, 어떤 자막을 넣고, 어떤 감성의 음악을 틀어놓을 것인지.

저는 이렇게 추천드려요. 바꿀 수 있는 것이 있다면 바꾸시라고, 할 수 있는 거라면 하시라고, 그리고 할 수 없고 바꿀 수 없다면 살아온 인생에 대해 스트레스 받지 말고 종합 편집을 해보시라고. 당신의 삶에 문제가 있는 게 아닐 수도 있습니다. 삶을 바라보는 당신의 시선에 문제가 있을 수도 있습니다.

처음에는 어려울 수 있습니다. 어렵다면 '어, 저 사람은 자기 삶을 괜찮은 시선으로 종합 편집하네.' 하는 사람 곁으로 가세요. 그 사람이 죽은 사람이든 산 사람이든, 책으로 남은 사람이든 영상으로 남은 사람이든 그런 사람의 시선과 자꾸 접촉하다 보면 우리 자신도 그렇게 될 확률이 높아집니다."

김창옥 님의 저서에서 나와 있듯이 그 사장님은 사업을 시작하게 된 것을 잘못 찍은 인생이라고 생각하는 것 같았다. 아닐 수도 있겠지만 그때 내가 느끼기에는 그랬다. 후회보다는 좀 더 열심히 잘할걸 하는 아쉬움이 많이 남아 보였다.

만약 그 사장님을 다시 만난다면 지금까지 인생을 잘못 찍은 것이 아니라고 꼭 말해주고 싶다. 내가 직접 말씀드려서 흔쾌히 받아들이시면 좋겠지만, 그렇지 않을 것이라는 것을 잘 알고 있다. 그래도 꼭 한번 읽어보시라고 김창옥 님의 저서 『당신은 아무 일 없던 사람보다 강합니다』를 선물로 드리고 싶다. 사장님께서 그 순간의 인생을 잘못 찍었다고 생각할지라도 마음속에서 다시 종합 편집하셨으면 좋겠다.

사실 마음이라는 것이 쉽게 바뀌는 것은 아니지만, 한번 다른 마음을 먹게 되면 쉽게 바뀌는 것도 인생이다. 지금까지 진행해왔고, 앞으로도 계속할 것이라면 지난 기억들을 좀 더 긍정적으로 생각할 필요가 있다. 어차피 지나간 기억은 바뀌지 않는다. 하지만 기억이라는 것은 객관적인 사실보다 주관적인 관점이 강하다. 기억 자체가 주관적이기 때문에 내가 어떠한 방식으로 저장하느냐에 따라 달라질 수 있다.

당신도 살아가면서 이런 얘기를 들어 보았을 것이다.

"시간이 지나고 나면 다 좋은 추억이야!"

실제로 살아가면서 좋지 않은 추억도 웃으면서 얘기하는 경우가 많다. 내가 직장 생활에서 신입 사원 딱지를 막 떼었을 때 있었던 일을 소개하겠다. 내가 발령받은 팀은 견적팀이었는데, 주로 입찰과 계약 그리고 프로젝트 실행 원가를 산정하는 일을 맡았다. 견적팀은 돈을 직접적으로 산정하는 일이 주요 업무이다 보니 정확성이 많이 요구되었다. 그리고 입찰의 경우 정해진 시간에 문서를 제출해야 되기 때문에 시간 관리가 철저해야 했다. 나 같은 신입 사원이 맡기에 어려운 부분이 많았지만, 우리 팀의 대리 한 분이 개인적인 사정으로 인해 사직하면서 그 일을 내가 맡게 되었다. 나는 의욕이 강한 때라 무엇이든 맡겨주면 열심히 해야 한다고 생각했다.

인수인계를 진행하는 단계에서 큰 어려움은 없었다. 그저 일을 잘해야 한다는 사명감으로 퇴근 후에도 업무를 익히는 데 열중했다. 사건은 인수인계를 한 대리가 퇴사하고 얼마 지나지 않아 일어났다. 1억 정도 되는 전자 입찰이 한 건 있었는데, 팀장님으로부터 입찰 금액을 받아 다음 날 전자 입찰이 개시되는 시간에 금액을 그대로 입력하면 되는 업무였다. 그러나 내가 입찰 시간을 놓쳐 금액을 넣지 못했다. 핑계지만, 당시 나는 여러 가지 업무를 하느라 정신이 없는 상태였다. 개찰은 진행되었고, 결과를 확인해보니 우리가 낙찰을 받을 수 있는 금액이었다. 그 순간 하늘이 노랗게 변하는 걸 느꼈다.

회사에 폐를 끼쳤으니 당연히 사직도 결심하게 되었다. 나는 팀장님께 사직서를 제출하였고, 팀장님은 아직 업무를 제대로 익히지 못한 신입 사원에게 맡긴 자신의 탓이라며 자신이 경위서를 제출하는 선에서 해결하겠다고 말씀하셨다. 팀장님께 너무 죄송한 마음이 들었고, 앞으로 절대 이런 일이 없도록 잘하겠다는 말을 드리고 사건은 일단락되었다. 다행히 팀장님도 사장님과 영업팀장님께 다시는 이런 일이 발생하지 않도록 업무 프로세스를 개선하라는 지시를 받았을 뿐별도 경위서를 제출하지 않게 되었다.

후에 이 사건은 친한 직장 동료들 사이에서 종종 회자되곤 했는데, 그때마다 사람들은 나에게 한 단계 성장할 수 있는 계기가 되었다고 위로했다. 그러나 나에게 이 사건은 위로를 받을 사건이 아니라 좋은 기억으로 남아있다. 이 사건을 계기로 팀장님과 영업팀장님은 나에게 많은 관심을 보여주셨고, 그 관심은 회사를 그만둘 때까지 계속되었다. 내가 회사를 그만둘 때 당시 팀장님은 다른 회사로 이직하셨지만, 당시 영업팀장님은 본부장님을 거쳐 사장님이 되셨다.

사장님은 지금까지 나에게 다른 동료 직원들에 비해 과분할 정도로 많은 배려와 관심을 보여주셨다. 사장님은 그때 그 일을 기억하실지 모르겠지만, 나는 그 사건을 계기로 지금까지 잘해주셨다고 믿고 있다. 이렇듯 당시 좋지 않은 사건도 자신의 뇌에 어떻게 기억하느냐에 따라 얼마든지 좋은 사건으로 변화시킬 수 있다.

만약 당신이 지금 어려운 처지에 있고, 머릿속이 좋지 않은 기억들로 가득 차있다면 그 기억들을 하나하나 꺼내어 다시 종합 편집해보자. 작은 장점이라도 꺼내어 좋은 기억으로 바꾸려고 노력해보자. 단기간에 나쁜 기억들이 좋은 기억으로 바뀔 수는 없지만, 점차 좋은 기억으로 바뀌는 변화를 느낄 수 있을 것이다.

'기억은 추후에 어떻게 편집하느냐에 따라 완전히 달라질 수 있고, 그 편집의 권한은 당신에게 있다.'

7
쫄지 마! 직장인

～∂·ᘓ～

나는 태어나서 한 번도 내가 비범하다고 생각해본 적이 없다. 항상 평범하다고 생각해왔다. 학교를 가도 직장을 가도 항상 평범한 사람이었다. 그 평범함이 한 번도 불편하거나 부끄럽다고 생각해본 적도 없다. 하지만 비범함을 동경하면서 살았다. 비범한 사람들을 보면 '어떻게 저렇게 할 수가 있지?'라고 항상 의문을 가졌다.

이 글을 읽는 당신이 평범한 사람이라면 나처럼 비범한 사람이 되고 싶다는 생각을 해봤을 것이다. 나와 당신은 자주 이런 생각을 하고, 그러기 위해 더욱 열심히 일하고자 했을 것이다. 나는 책을 통해 그 방법이 잘못되었다는 것을 알았다. 내가 책을 통해 만나본 세계 각국의 비범한 사람들은 태어날 때부터 비범하지 않았고, 신체의 성장과 더불어 의식의 성장을 이루며 비범하게 되었다. 그럼 그 비범한 생활을 이루기 위해 어떤 목적의식을 가져야 하며 어떤 노력을 해야 하는지, 지금까지 백 권이 넘는 책을 읽으며 내가 알게 된 것을 요약하면 이렇다.

첫째, 내 인생의 목적은 나의 행복이다.

둘째, 내가 행복하기 위해 모든 것으로부터 자유로워야 한다.

셋째, 모든 것으로부터 자유로워지기 위해 자아의식을 변화시켜야 한다.

결국 내 인생의 목적인 행복을 달성하기 위해 돈과 인간관계 등 모든 것으로부터 자유로워야 하고, 이를 위해 반드시 자아의식을 변화시켜야 한다는 것이다.

그럼 자아의식을 변화시키기 위해 어떤 노력을 해야 하는지 정리하면 이렇다.

1. 자신의 내면 바라보기: 명상
2. 가족과 건강을 되찾기: 가족과 함께 운동 및 놀이
3. 책과 여행을 통해 다양한 경험 쌓기: 독서, 여행
4. 좋은 목표를 설정하고 지금의 행복을 누리기: 목표 설

정 및 지금 이 순간에 집중

　5. 좋아하는 일에 도전하기: 새로운 도전

　6. 과거의 부정적인 기억을 긍정적인 기억으로 편집하기:
긍정의 기억 찾기

　이 여섯 가지 중 가장 중요한 것은 명상이다. 명상을 통해
가족과 함께 운동하고 독서하며 여행하는 모습을 생생히 그
려보기 바란다. 이렇게 꾸준히 명상하면 자신의 내면이 조금
씩 꿈틀대는 것을 느낄 수 있다. 그 순간 하나씩 실천해보는
것이다. 그럼 내면의 변화를 통해 실제 주변 환경이 변화하
는 것을 체감할 수 있다.

　반드시 명심해야 할 것은 명상을 통해 오롯이 나에게 집중
하는 것이다. 가끔 주변 사람들보다 뒤처지는 것은 아닐까
하는 불안한 생각도 들 것이다. 지극히 정상적인 현상이지
만, 그때마다 더욱 나에게 집중해보자. 주변 사람의 연봉이
올라가고 집을 사는 것은 나와는 전혀 상관없는 일로 치부해
버리자. 실제로 나와 전혀 상관없는 일이다. 자아의식의 변
화를 통해 현실도 바뀌는지만 확인하자. 이렇게 내 자신에
대해 1년만 알아보자. 사람에 따라 다르겠지만, 변화는 반드
시 온다. 어쩌면 며칠 만에 느낄 수 있는 행운이 찾아올 수도
있다.

내가 이 흰 백지에 글을 쓰는 순간과 책을 읽는 순간이 모두 도전이다. 지금은 이것밖에 없다. 앞으로도 이것밖에 없을지 모른다. 그런 두려움이 항상 내 옆에 존재하고 있고, 내 마음속을 점령하고자 호시탐탐 기회를 엿보고 있다. 하지만 위의 세 가지 목적의식과 여섯 가지 훈련을 통해 그동안 경험하지 못한 많은 변화를 경험하고 있다. 혹자는 돈이 제일 중요한데, 돈 없이 살 수 있냐고 물었다. 물론 돈 없이 살 수는 없다. 그러나 현재 아내가 버는 돈으로 잘 살고 있으며, 돈보다 더 중요한 많은 것들을 얻고 있다.

드라마 〈미생〉을 보면 이런 말이 나온다.

"길이란 걷는 것이 아니다. 걸으면서 나아가기 위한 것이다. 나아가지 못하는 길은 길이 아니다. 길은 모두에게 열려 있지만 모두가 그 길을 가질 수 있는 것은 아니다."

참 좋은 말이다. 길은 모두에게 열려있다고 한다. 하지만 길이 있다는 사실조차 모르는 사람들이 많다. 나도 그중 한 명이었다. 세상에는 많은 길이 있지만, 직장을 다니고 직장에서 성공하는 길 외에 알고 있는 길이 없었다. 그래서 걸어갈 엄두도 못 냈다. 직장을 그만두면 어차피 걸어야 할 길임에도 불구하고.

당신이 앞으로 뭐하고 살아야 하는지에 대한 고민이 있다면 앞서 언급한 목적의식 세 가지 중 첫 번째, 행복에 대한 고민을 먼저 해보기 바란다.

'내 인생의 목적은 나의 행복이다.'

나는 지금까지 39년의 삶을 살면서 최근 1년간 행복에 대해 이렇게 처절하게 고민해본 적이 없었다. 나는 왜 이렇게 행복에 집착하며 고민을 했을까?

지금까지 읽은 책들과 내 삶을 돌아봤을 때, 내 인생의 최종 목적이자 가치는 '내가 행복한 것'이라는 결론에 도달하게 되었다. 성공을 이루고 싶은 마음과 하고 싶은 일을 하려는 마음, 모두 내가 행복하기 위해 행하는 수단일 뿐이다. 역으로 생각해보면 내가 어떤 일을 하고 싶거나 선택을 해야 되는 상황이 올 때 그 선택의 기준을 내가 행복한지 스스로에게 물어보는 것으로 정하면 된다.

예를 들면 이렇다. 지금 이직을 결심하고 있는데, 앞으로 해야 할 일이 지금까지 한 번도 해본 적이 없는 일이라고 가정해보자. 지금 당장 위험을 감수하며 이직을 하는 것이 옳은 판단인가? 새로운 일에 도전하는 것은 지금 당장 힘든 선택이다. 경제적인 상황, 새로운 미래에 대한 두려움 등이 마음에 걸릴 것이다. 그러나 그 새로운 일에 도전하지 않았을 때, 시간이 지나 후회하는 생각이 나를 더 괴롭힐 수 있다.

그때는 이렇게 판단하자. 우선 새로운 일에 도전하고, 지금의 행복을 누려라. 그리고 만약 그 도전이 실패로 끝나 원망하는 순간이 오면, 그때 불행한 마음을 행복한 마음으로 바꿀 방법을 찾아라. 내 마음속 '진짜의 나'가 행복한 모습으로 바뀔 때, 내 눈으로 바라보는 바깥세상도 좋은 모습으로 보이는 신기한 경험을 하게 될 것이다.

끝으로 이 글을 끝까지 읽어주신 당신에게 감사의 말씀을 전하며, 위 세 가지 목적의식과 여섯 가지 훈련을 꼭 실천해 보길 바란다. 돈 드는 일도 아니고, 밑져야 본전이다. 만약 당신이 위 세 가지 목적의식과 여섯 가지 훈련을 통해 삶의 변화가 느껴진다면 나에게 메일 한 통 보내는 센스를 발휘해 주길 희망한다. 그 메일 한 통으로 내가 이 책을 쓴 시간과 노력에 대한 보상은 충분하다.

진짜 마지막으로 이 말을 남기고 싶다.
대한민국 헌법 제10조.
'모든 국민은 인간으로서의 존엄과 가치를 가지며, 행복을

추구할 권리를 가진다.'

여기서 행복을 추구할 권리는 내 마음속에 있다는 사실을 기억하며, 당신의 평범하지 않을 용기를 진심으로 응원한다.